石继航 ／ 著

宋朝的腔调

SPM
南方出版传媒
广东人民出版社
·广州·

图书在版编目（CIP）数据

宋朝的腔调 / 石继航著. — 广州：广东人民出版
社，2017.8（2025.6 重印）
ISBN 978-7-218-11843-7

Ⅰ . ①宋… Ⅱ . ①石… Ⅲ . ①文人－生平事迹－中国
－宋代 ②宋诗－诗歌欣赏 ③宋词－诗歌欣赏 Ⅳ .
① K825.4 ② I207.2

中国版本图书馆 CIP 数据核字（2017）第 127064 号

Songchao De Qiangdiao

宋朝的腔调

石继航 著

出 版 人：肖风华

责任编辑：马妮璐
责任技编：吴彦斌
装帧设计：伍 霄

出版发行：广东人民出版社
地 址：广州市海珠区新港西路 204 号 2 号楼（邮政编码：510300）
电 话：（020）85716809（总编室）
传 真：（020）85716872
网 址：http://www.gdpph.com
印 刷：北京彩虹伟业印刷有限公司
开 本：787mm×1092mm 1/16
印 张：15.5 字 数：176 千
版 次：2017 年 8 月第 1 版
印 次：2025 年 6 月第 9 次印刷
定 价：39.80 元

目　录

宋朝的腔调

杏花消息雨声中

宁静无声的春夜，我从满桌狼藉的书卷间抬起头来，已是东方欲晓的时分。万物似乎皆已沉睡，正所谓"人散后，一钩淡月天如水"。

月光如水银泻地，时间在无声无息中流逝，这缤纷的百花，也终将迎来落英满地。案上的《宋词全集》正翻到这一页："思往事，惜流芳，易成伤。拟歌先敛，欲笑还颦，最断人肠！"

遥望天上璀璨的星河，那里仿佛是时空的归宿。星移斗转，如果时间轴真能往回拖曳整整一千年的话，我们将处在北宋的初年——宋真宗天禧元年。那是一个文人们的幸福时代。

陈寅恪先生曾说过："华夏民族之文化，历数千载之演进，造极于赵宋之世。"以武将开国的宋代，对于读书人却是格外器重。这也让宋代出现了一大批灿若群星的才子，宋代的诗词文章金声玉振，绘画书法卷帙繁多，出现了一个空前繁荣的盛景。

"书中自有黄金屋，书中自有颜如玉"，这些流行至今的劝学名句，正是来自于一千年前宋真宗所写的劝学诗。全诗是这样的："富家不用买良田，书中自有千钟粟；安居不用架高堂，书中自有黄金屋；出门莫恨无人随，书中车马多如簇；娶妻莫恨无良媒，书中自有颜如玉；男儿若遂平生志，六经勤向窗前读。"

想要当官吗？去读书吧！想发财吗？去读书吧！想漂亮美眉吗？去读书吧！一切一切的梦想，都可以通过科举来实现，"知识改变命运"这一句话，在宋代远比现在更真实可信。

因此，演出了一幕幕"朝为田舍郎，暮登天子堂"的精彩故事：曾经天天喝咸菜粥的宋祁，成名后得以点华灯拥歌妓醉饮达旦，就连修史时，也是在酒足饭饱之余，两个美女举起蜡烛，夹侍左右，偎香依玉的宋才子才有兴致欣然命笔。吕蒙正当年穷困时，买不起瓜只好啃人家扔掉的瓜皮，受尽白眼，丢尽颜面，而中了状元后，则一掷千金，把那一片瓜园全部买下，真正扬眉吐气了一把。当了高官后的他，一餐杀几十只鸡，只为做一碗鸡舌汤，厨房后的鸡毛都堆成了山……

"春物竞相妒，杏花应最娇"，杏花一直是读书人的最爱，因为她象征着金榜题名的好运。宋祁曾被称作"红杏尚书"，陈与义曾以一句"杏花消息雨声中"而被皇帝擢升为翰林学士，这些鲜活的事例，极富象征意味。所以，我印象中的宋代文人，他们的青袍上总是沾染着杏花的气息。

退守在中原乃至江南的两宋，失去了燕云十六州，也失去了雄浑遒劲的魂魄。崇文轻武习气的盛行，使得宋代的文士，少了唐朝才子们身上书剑纵横的侠气。当然，苏、辛的词中，还是有些豪气的，不过那毕竟是异数。

大多数的宋代才子，没有悄立过白草黄沙中的猎猎北风，青襟上沾染的是江南的杏花烟雨，宋才子们的情致，在那些"文抽丽锦，拍按香檀"的曼妙宋词里，被娇娆的红袖们唱得婉转动人，绵绵不尽。

宋代王灼的《碧鸡漫志》里曾说过，前朝善歌者有男有女，像战国时的秦青、汉代的李延年、唐代的李龟年，都是男人中著名的"歌星"；而到了宋代，就单单欣赏软媚的女音了。宋代李方叔也说过这样的观点："唱歌须是玉人，檀口皓齿冰肤。意传心事，语娇声颤，字如贯珠"，这代表了大多数宋人的看法，所以宋词的唱者，多是红粉娇娥。这也使得宋词的格调，蔓延着女儿家的脉脉柔情。

大家都熟知这样一个掌故，有人评说：唱苏轼词需关西大汉，持铜琵琶，铁绰板，唱"大江东去"；而唱柳永的词则要请二八佳人持象牙檀板唱"杨柳岸，晓风残月"。虽然话是这么说，然而宋代的酒宴之中，歌舞樽前，上哪去找鲁智深一般的"关西大汉"？所以即便是苏轼，笔下还是清丽娇娆的词居多。所以说，宋瓷和宋词，一般的精致细腻，一般的纤细脆弱。其浑融蕴藉、深微隐幽处，是诗文之力所不及的。

宋代的才子们仪止儒雅，性如温玉，伴着他们的，是那一川迷离的烟草，一城缭乱的飞絮，一场缠绵的梅子黄时雨。白墙朱门，青痕绿瓦，杨柳枝头，洞箫声里，一曲曲新词，从才子们的蛮笺象管下流出，萦绕于红袖们的皓齿樱唇间。

当然，填词对于宋代才子们来说，并非是他们生命的全部，宋代推崇儒学，对于当时的读书人，北宋大儒张载的这句"为天地立心，为生民立命，为往圣继绝学，为万世开太平"，才是他们心中执着的理想。所以，如果单单从宋词中窥探这些宋代才子们的所有情感，那是相当片面的。本书中，我想回溯时光的河流，去体味他们历经的一切喜乐悲欢。

如果让我选择穿越的话，盛唐应该是我的首选，不过，仔细想想，回到整整一千年前的北宋，也是相当惬意的事情：州桥夜市煎茶斗浆，相国寺内品果博鱼，金明池畔填词吟诗，白矾楼头宴饮听琴……而且"满朝朱紫贵，尽是读书人"，说不定还能博得一个功名，好多富家小姐派了家人盯住俺，等着"榜下捉婿"呢。

还是回到现实中来吧，桌上的清茶品起来，香味温和醇厚，很像"宋"的味道。电脑的屏幕上，建好了一个空白的文档，不知道等填满时，会是秋风飒飒，还是瑞雪飘飘？然而，可以确定的是，这一段的时光，我的思绪会沉浸在两宋的风雨中，沉浸在汴梁的繁华梦里、临安的西子湖畔。翻开一阕阕词，就仿佛置身于舞榭楼台，于觥筹交错的绮筵之间，听清歌嘹亮，看烛影摇红。

这一刻，远处有隐约的瑟瑟声，月下惝恍，不知今夕何夕。让我们走进古旧的诗文书卷里，聆听宋代才子们的娓娓倾谈。

李后主

▷李煜（937－978年），南唐中主李璟第六子，字重光，号钟隐、莲峰居士，生于金陵（今南京），南唐最后一位国君。

▷李煜精书法、工绘画、通音律，诗文均有一定造诣，尤以词的成就最高。语言明快、形象生动、用情真挚，风格鲜明，其亡国后词作更是题材广阔，含意深沉，在晚唐五代词中别树一帜，对后世词坛影响深远。

说起南唐后主李煜，眼前会浮现一个温文怯弱、眼中饱含委屈的男子形象。明月小楼，笙歌听罢，任泪水满面纵横，无奈一江春水东逝，旧梦无踪！

想想看，李煜也真够"委屈"的，生前委屈，死后还委屈。第一，后人所编的宋代词集中，常有他的名字，李煜臣服于北宋，是他毕生的屈辱，将他纳入其中，这不是羞辱他吗？第二，后人给他加上一个"词中之帝"的别号，本意固然是称赞他的辞章精妙，但转念想想，这又何尝不是对他丧国辱家的一种讽刺？如果可以选择的话，李煜恐怕更愿当个四海承平的太平皇帝，而不是什么"词中之帝"。辞章毕竟是人生末事，社稷才是春秋大业。然而，不可抗拒的命运让他无奈地成为一个"词帝"。

一滴滴洗面后落下的清泪，一滴滴肺腑里沁出的鲜血，写成了那名传千古的词句，留给了我们。但留给他自己的，却是至死方消的绝望。

可怜薄命作君王

据说，李煜长得是"丰额骈齿，一目重瞳"。所谓"丰额"，就是宽宽的额头，俗语叫"天堂饱满"。而"骈齿"，是两颗大门牙长出嘴唇外

（感觉像"凤姐"的样子）。这种模样之所以被"推崇"，是因为《竹书纪年》中曾说："帝喾高辛氏，生而骈齿，有圣德"，故被称为帝王之相。又相传大舜是"重瞳"（瞳孔粘连畸变，从 O 形变成 ∞ 形），所以这些特征就都成了"帝王贵相"的标志了。

然而，当李煜被擒到汴京时，赵匡胤见了他那手无缚鸡之力的文弱窝囊样儿，轻蔑地笑道："公非贵貌也，乃一翰林学士耳。"哈，过去的帝王面相标准，早过时了，乱世流行"野兽派"，不见人家老赵"头广色黑"的猪头相才是真正的皇帝，后来朱元璋一张锄头脸照样坐稳了龙椅。

其实，如果李煜不生于帝王之家，能安安稳稳地当一个翰林学士，又是何等的幸福！明代余怀就感叹道"李重光（煜）风流才子，误作人主"，清代郭麐也有诗惋曰"作个才人真绝代，可怜薄命作君王"。

君王的宝座，历史上不知有多少人费尽心机，不惜弑父弑君，杀兄屠弟来攫取。而李煜，却实在无心坐上那把龙椅。只不过时运逼人，这皇位想推也推不掉，好似那美人的绣球偏偏往唐僧怀里抛。

"男怕入错行，女怕嫁错郎"。做皇帝有多好？但也要在合适的时间由合适的人来当才好。

李煜并非长子，前面有不少的哥哥，但都死在他前面。当初看似最不可能属于他的皇位，却落在他的手里。然而，这是一只烫手的山芋。南唐已是势如累卵，危在旦夕。

李煜早年曾写过两首《渔父》词，其中有"花满渚，酒满瓯，万顷波中得自由"之句，想来并非是矫装隐士情怀。他本是恬淡无争的人，只是命运非要"赶鸭子上架"，让他当了这个末代皇帝。这真是"天教心愿与身违"（李煜《浣溪沙》词中句）！

期盼李煜这个娇气怯弱的"富三代",在武将出身的赵匡胤"虎口"下能有所作为,那可是太勉为其难了。后人往往以事后诸葛亮自居,评断李后主的种种昏招:什么受敌国猜忌害死自己的大将林仁肇,误杀了忠臣潘佑、李平(其实二人是自杀),等等。但平心而论,就算是李煜宵衣旰食般地励精图治,顶多是个"南唐版"的崇祯,那南国温柔水波中的人儿,天生就敌不过如寒潮般奔袭而来的北地铁甲!

南唐李煜的政策够"韬光养晦"的了,但是狼要吃羊,总是要找到借口的。当南唐使臣低三下四地诉说南唐对宋一向恭敬,并无冒犯时,老赵理屈词穷,就耍起蛮来说:"卧榻之旁,岂容他人酣睡!"这就是有名的"宋太祖灭南唐之意",不过现在多形容大奶对付"小三"这回事,因为"睡"来"睡"去,听起来像床上的事嘛。

借用《三国演义》中的一句话:"纷纷世事无穷尽,天数茫茫不可逃!"即便是豪气盖世的西楚霸王,都有"时不利兮骓不逝"的叹惋,在五代十国那个用刀枪说话,用拳头称王的时代,我们又如何能期盼"生于深宫之中,长于妇人之手"的李煜,有"扶大厦之将倾"的神奇能力呢?

所以,等待李煜的注定是这样一幕:

破阵子

四十年来家国,三千里地山河。凤阁龙楼连霄汉,玉树琼枝作烟萝。
几曾识干戈?
一旦归为臣虏,沈腰潘鬓消磨。最是仓皇辞庙日,教坊犹奏别离歌。
垂泪对宫娥。

关于这一首词，苏轼在《东坡志林》中曾嘲笑道："后主既为樊若水所卖，举国与人，故当恸哭于九庙之外，谢其民而后行，顾乃挥泪宫娥，听教坊离曲哉！"

所谓樊若水，是一个怀才不第的读书人，"高考"屡屡落榜后就自发地"潜伏"下来，为宋朝当了"地下工作者"。樊若水精心测量了长江天险的长度，绘成图纸献给赵匡胤。宋军依此架桥，"三日而成，不差尺寸"。看来朝廷有才不用，危害大大的，前有黄大王（巢），后有洪教主（秀全），就算是樊若水这样的，也能把刀子捅到你的"罩门"上，叫你考试不公平，玩潜规则！

樊若水原是穷酸一枚，在乡里倍受歧视和欺凌，立此奇功后，被宋太祖封为转运使，掌握财税大权。这下好了，有一个开酒店的土豪，当年欺负过他，于是他对这家酒店征以重税，把这个土豪收拾得一贫如洗才算完。正所谓"民不与官斗"，因为"屁民们"斗起来没有还手之力，樊若水总算可以扬眉吐气了。

好了，不提樊若水了，苏轼嘲笑李煜英雄气短，儿女情长，说得虽然不错，但我们不能期望温柔乡中长大的李煜有恸哭九庙的慷慨，正像我们不能期望贾宝玉能虎吼一声，救出落难的红楼女儿来一样——能有那样的作为，这哪是宝玉？简直鲁智深嘛。

李煜曾经在城破前令人堆积柴草于宫中，宣称城破后要自焚殉国，然而，怯懦的他哪有这样的胆量。《谈渊》中记载：宋将曹彬高坐船上，让俘虏李煜上船"喝茶"，李煜见登船要走一块窄窄的小木板，吓得浑身颤抖，始终不敢迈步，曹彬令兵丁架着他，才走进船来。曹彬安抚他几句，让他回去收拾收拾东西，去汴京听候宋太祖处理。偏将不放心，劝道：

"这样放李煜回去，要是他自杀了，生擒南唐国主的大功可就没了。"曹彬笑道："你没见他上船时的那个畏缩样，借他几个胆子，也没勇气自杀！"

正所谓"平时慷慨成仁易，事到临头一死难"，自古来多少君主，没有几个敢从容自尽的。乐不思蜀的后主刘禅，和美人一起躲胭脂井的陈叔宝，都不用提，就像隋炀帝、唐昭宗这样的，死到临头也是让别人动手。说来崇祯皇帝还真算是有骨气的，他毅然上吊自杀，并写下"任贼分裂朕尸，勿伤百姓一人"的遗诏，从这方面来说，比李煜要强得多。当然，如果李煜也是如此"有骨气"，可就没了那"一江春水向东流"的千古妙句。

重按霓裳歌遍彻

当然，李煜也是一个奢靡的君主。据说，北宋大将曹彬后来分得一名南唐宫中的宠姬，这个美人儿看见油灯就闭上眼，表示烟气太呛人，无法忍受。于是曹彬让人换上蜡烛，结果美人皱着眉说："烟气更甚。"老曹恼怒，问："你们宫里不点灯烛？"这个美人说："南唐宫中，有夜明珠悬在中间，照如白昼。"由此可见，南唐宫中的奢华。

有关李煜的"爱情故事"，人们也是极度地渲染美化，不少人把他看成是一个多情种子。李煜前后有两个皇后，后人称为"大周后"和"小周后"，她们是一对姐妹。

"大周后"周娥皇是南唐开国老臣周宗的长女，生得"凤眼星眸，朱唇皓齿，冰肌玉肤，骨清神秀"，通书史、能歌舞、工琵琶，是一位才色俱佳的美女。她和李煜谱制了很多新曲，并且将盛唐时失传的《霓裳羽衣曲》补全重现。然而，他们却忘了，"霓裳一曲千峰上，舞破中原始下来"，这本是亡国之曲！

大周后 29 岁就不幸病亡，当时李煜悲痛欲绝，自称为"鳏夫煜"，并为周娥皇写下情深意切的悼词，我们试看一段：

追悼良时，心存目忆……蝉响吟愁，槐凋落怨。四气穷哀，萃此秋晏。我心亡忧，物莫能乱……事则依然，人乎何所。悄悄房栊，孰堪其处。呜呼哀哉！佳名镇在，望月伤娥。双眸永隔，见镜无波。皇皇望绝，心如之何。草树苍苍，哀摧无际……

可以看出，这和那些敷衍写就、套话连篇的祭文不同，其中浸透着绵绵肺腑深情。像"佳名镇在，望月伤娥。双眸永隔，见镜无波"之类的词语，和《红楼梦》中《芙蓉女儿诔》的字句何其相似！

然而，李煜却并非是专情之人，在大周后病重时，他亲手喂汤喂药不假，但却又在她眼皮底下和其妹——也就是后来的小周后"勾搭成奸"：

菩萨蛮

其一

花明月黯笼轻雾，今宵好向郎边去！衩袜步香阶，手提金缕鞋。

画堂南畔见，一向偎人颤。奴为出来难，教君恣意怜。

其二

蓬莱院闭天台女，画堂昼寝人无语。抛枕翠云光，绣衣闻异香。

潜来珠锁动，惊觉银屏梦。脸慢笑盈盈，相看无限情。

这两首词写得很是让人心旌摇动，第一首更是名传后世，堪为艳词经典。但从另一个角度看，却无异于李煜的一份自供状，写出了他和小周后偷情时的细节。"画堂昼寝"是在白天，"花明月黯"则是深夜，看来两人无论是白昼黑夜，都见缝插针般密期幽会。虽然他们也知道背着病重的周娥皇暗自亲热缠绵是不合乎良心的，然而，对于二人来说，"禁忌是最好的春药"，"奴为出来难，教君恣意怜"这样大胆露骨的句子，让大周后知道，岂不活活气死！

事实正是如此，大周后知晓了妹妹居然趁其病重和李煜"暗度陈仓"，急怒攻心，病情急转直下，以致"香魂一缕随风散"了。

有人可能想，这么说李煜的悼词和丧礼上的悲痛都是假的了，为了怕大臣们讥笑他薄情寡义装出来的？这倒不是，现代和古代的观念大不相同。旧时注重的是孝道，如果是李煜的爹死了，他不表现出悲痛欲绝的样子，会有非议。皇后死了，皇帝大可不必表现得如丧考妣，相反，为了一个女人哭得不像样子，才让人笑话呢！

然而，男人就是这样一个矛盾的动物，李煜对大周后的哀悼并不假，但同时却不妨碍他有心情和别的女人寻欢作乐。正像《金瓶梅》中的西门庆，其爱妾李瓶儿病危时，祈禳的道士说："今晚，官人切忌不可往病人房里去，恐祸及汝身"！然而，西门庆独自坐在书房内，掌着一支蜡烛，心中哀恸，寻思道："法官教我休往房里去，我怎生忍得！宁可我死了也罢。须厮守着和他说句话儿。"于是毅然走进李瓶儿房中。单看这一表现，堪比贾宝玉式的情种。但李瓶儿死后，西门庆在灵前刚哭过，就和一个叫如意儿的奶妈淫乐起来，还用李瓶儿遗留下的簪子给这个婆娘作赏物。唉，正所谓"昨日黄土垅头送白骨，今宵红灯帐底卧鸳鸯"，这就是男人的作风！

李煜身为皇帝，身边当然还有其他的宠姬。最著名的是舞姿曼妙的窅娘，相传她以白帛缠足，使得身态更为婀娜妩媚，深得李煜的宠爱。缠足这一祸害千年的陋习，据说"罪魁祸首"正是李煜。

"晚妆初了明肌雪，春殿嫔娥鱼贯列。凤箫吹断水云闲，重按霓裳歌遍彻"，这一阕《玉楼春》中的情景，写出了醉生梦死中的李煜。

然而，"林花谢了春红，太匆匆"，这样的好日子很快就到头了。

无人不冤，有情皆孽

亡国后的李煜，被宋太祖赵匡胤封为"违命侯"，名字虽然难听，但生活待遇还算过得去。然而，那个神秘的"烛影斧声"之夜，赵匡胤莫名其妙地暴死，其弟赵光义急不可待地继了位，李煜的命运更是雪上加霜。

心地淫浊的赵光义，看上了李煜心爱的小周后。宋人王铚在《默记》中记载："李国主小周后，随后主归朝，封郑国夫人，例随命妇入宫，每一入辄数日，而出必大泣，骂后主，声闻于外，后主多婉转避之。"

也就是说，小周后被宣称随命妇入宫参拜皇后，然而一去好几天不回来，回来后就对李煜又哭又骂。这中间发生了什么事，不言而喻。

明代文人沈德符在《万历野获编》中说："偶于友人处，见宋人画《熙陵幸小周后图》。太宗头戴幞头，面黔色而体肥，器具甚伟；周后肢体纤弱，数宫人抱持之，周作蹙额不能胜之状。"

宋代绘画闻名于后世，但赵光义命人所画的这一幅却是最为丑恶的。他命宫人将小周后按住强奸，还让画工图其景状，实在是内心污秽下流之极。后人对老赵这一"鬼畜行为"也极为不满，元代冯海粟就在画上题道："江南剩得李花开，也被君王强折来。怪底金风冲地起，御园红紫满龙堆。"

这首诗说，江南剩下的那枝"李花"（比喻小周后），也被宋太宗强行霸占，实在是太过分了，怪不得后来金兵南下（"金风冲地起"），带来"靖康之耻"，让赵家子孙也饱尝嫔妃被劫受辱的惨痛滋味。也许是人们可怜这位蒙受屈辱而死的多才君主，一个"冤冤相报实非轻"的故事，在笔记小说中浮现。

宋人赵溍的《养疴漫笔》写：一百年后，赵光义的五世孙宋神宗偶然来到秘书省，纵览其中的书画时，无意中看到了李煜的画像。经过百年的时光，宋代皇帝的审美观明显改变，宋神宗不再像赵匡胤一样对其讥笑轻视，反而"见其人物俨雅，再三叹讶"。随后，儿子赵佶降生，是为后来的宋徽宗，他沉迷于笔砚书画，最后成为亡国之主。所以，有人传说，是李煜化身为宋徽宗来灭亡了北宋，让赵光义的子孙也尝一尝国家沦陷、妃嫔受辱的滋味。

不管此事是真是假，历史都给宋太祖、宋太宗开了一个黑色玩笑，他们嘲笑李煜文雅儒弱，只配当翰林学士，而自己的后代宋徽宗更是只会写字、画画、踢毬什么的，当翰林学士都不够格，只配当个陪皇帝玩的"翰林供奉"。

又有传说，因为赵光义害死了兄长赵匡胤，所以才有了"靖康之难"。宋人见了金太宗完颜晟的模样，发现竟然和宗庙里赵匡胤的画像很相似，都惊恐不已，纷纷议论，说是赵匡胤转世来报仇啦。靖难之后，赵光义一系的子孙，凋零殆尽。逃到江南的宋高宗赵构，幼子夭折，且没有了生育能力，群臣建议选宋太祖赵匡胤一系的子孙传位，开始赵构坚决不肯。但相传有一夜，赵构做了一个梦，在梦中，他穿越到那个雪寒风高的诡异之夜，亲睹了所谓"烛影斧声"的全部真相。醒后，他再不迟疑，赶紧把皇位传给了赵匡胤的七世孙赵慎，是为宋孝宗。

还有人说，正因李煜倡导了缠足陋习，使得天下女子的双脚屈弓，痛苦不堪，所以他才服了牵机之毒，死时头足相接，身体弓曲，是为果报。而小周后有负其姐大周后，故有被赵光义欺辱的报应……

这些传说，离奇玄妙。姑妄言之，姑妄听之。其实，这多半是人们希望善恶有报的一种愿望罢了，事实上却是："太仓里的老鼠吃得撑撑饱，老牛耕地使死倒把皮来剥！河里的游鱼犯下什么罪？刮净鲜鳞还嫌刺扎……"（《木皮散人鼓词》）

故国不堪回首月明中

国破家亡，最心爱的人也惨遭羞辱，这对李煜的精神打击可想而知，然而，他只有以泪洗面，写出那一句句摧断肝肠的词句：

无奈夜长人不寐，数声和月到帘栊……

无言独上西楼，月如钩……

往事已成空，还如一梦中……

流水落花春去也，天上人间……

千里江山寒色远，芦花深处泊孤舟。笛在月明楼……

穿过光阴的深潭，这些珍珠一般的妙句，定将传世不朽。然而，它们正如蚌中之珠，在李煜千百次心痛的挤压摩擦下，在一年年血泪的浸润之中，才得以有如此完美的辉光。

虞美人

春花秋月何时了，往事知多少？小楼昨夜又东风，故国不堪回首月明中。

雕栏玉砌应犹在，只是朱颜改。问君能有几多愁，恰似一江春水向东流。

这是李煜最著名的词，也是他生命中的最后一首词。据说赵光义听他命人高唱"故国不堪回首月明中"之句时，大为不快，于是杀心顿生，命人用牵机毒酒药杀了李煜。牵机，又名马钱子，中毒者先是强烈抽搐，最后窒息而亡。李煜十分痛苦，辗转于地，最后头足相接，缩成弓形而死。

这一天，正是七夕之夜。有人惋惜，说李煜为什么不学得聪明一点，为什么要那样露骨表达思念故国的情怀？实在是太痴，太迂，太傻！其实，李煜可能早就无法再忍受精神上的折磨，就是死，他也要写出心中的委屈！没有喝那杯牵机毒酒前，李煜的肝肠早已被揪扯得寸寸而断，他的腰身早就被折辱得佝偻不堪。

此后，小周后也在绝望中上吊自杀。

林花谢了春红，太匆匆，无奈朝来寒雨晚来风。

胭脂泪，相留醉，几时重。自是人生长恨水长东。

一场无法追寻的南唐残梦，一段玉碎珠沉的末世哀弦。然而，这同时却也是宋代词坛的序曲。身为赳赳武夫的赵氏兄弟，占据了南唐的江山故土，不想李煜的精魂才气，却浸透到两宋的数百年时光中，成为"弱宋"的主基调。所以，写这本宋代才子的故事，不可以忽略掉李后主这个人物。

国家不幸词坛幸，用整个南唐的覆灭，一代君王的血泪，催发了情真意切、悲怆入骨的绝妙辞章，也为壮丽的宋词大卷谱写了一段精彩的序曲。这是谁的安排？

王国维先生曾说："尼采谓：'一切文学，余爱以血书者'。后主之词，真所谓以血书者也。"然而，如果可以选择的话，我宁可不要这些极好极好的词句，不要这些字字凝血的佳作，就让李煜做一个平庸而幸福的君主吧。

我愿世间：少一些鲜血染成了的传奇经典，多一份日光温暖着的安详慈悲。

柳三变

▷ 柳永（约 984 － 约 1053 年），原名柳三变，字景庄；后改名柳永，字耆卿，因排行第七，又称柳七，福建崇安人。北宋著名词人，婉约派代表人物。

▷ 柳永是第一位对宋词进行全面革新的词人，也是两宋词坛上创用词调最多的词人。他创作慢词，开拓和丰富了词作的种类，同时充分运用俚词俗语，以适俗的意象、淋漓尽致的铺叙、平淡无华的白描等独特的艺术个性，对宋词的发展和普及产生了深远影响，有"凡有井水处，皆能歌柳词"之称。

柳永堪称宋词中里程碑式的人物。南宋叶梦得《避暑录话》中说："凡有井水处，皆能歌柳词。"现在仿照这句话，有"凡有华人处，就有金庸的武侠小说"。想下金庸小说的普及性，就能感知到柳词当年的风靡程度。

柳永，原名叫柳三变，字耆卿。受冯梦龙《喻世明言》误导，有人以为"柳三变"这个名字是后来改的，因为《众名姬春风吊柳七》中这样写：

> 我（柳永）少年读书，无所不窥，本求一举成名，与朝家出力；因屡次不第，牢骚失意，变为词人。以文采自见，使名留后世足矣；何期被荐，顶冠束带，变为官人。然浮沉下僚，终非所好；今奉旨放落，行且逍遥自在，变为仙人。

经历了"词人"、"官人"、"仙人"的三次转变，所以叫柳三变。这样说貌似有理有据、合情合理，但如果查考史籍，却知大谬不然。柳三变的大哥叫柳三复，二哥名柳三接，看来他们家的排行原本如此。

那"三变"是什么意思呢？《论语·子张》中说："君子有三变：望之俨然，即之也温，听其言也厉。"意思是说：君子的气质，有这样三种变化（形态），起初远远望见他，觉得很庄重，接近之后又觉得这人很温和，但他的言语中，却是义正词严，一丝苟且也没有。

这是古代士子们最推崇的境界，所以，柳三变这一名字的真正由来，应是源于此处。

黄金榜上，偶失龙头望

柳永的性格，却一点不端庄，十分轻佻狂放。不少文章写他是科举失意之后，这才放浪形骸，混迹于青楼妓馆之中的。其实并非如此，柳永这首《长寿乐》就自我交代了一切：

长寿乐

尤红殢翠。近日来、陡把狂心牵系。罗绮丛中，笙歌筵上，有个人人可意。解严妆巧笑，取次言谈成娇媚。知几度、密约秦楼尽醉。仍携手，眷恋香衾绣被。

情渐美。算好把、夕雨朝云相继，便是仙禁春深，御炉香袅，临轩亲试。对天颜咫尺，定然魁甲登高第。等恁时、等著回来贺喜。好生地，剩与我儿利市。

我们看，柳永还没参加科举考试（"临轩亲试"）之前，就和青楼歌女"密约秦楼尽醉"。"香衾绣被"之中，柳永对枕边人夸下海口，声称自己"定然魁甲登高第",仿佛那贡院就是他家开的,金榜就是他家印的。然而,现实却给了柳永一记响亮的"耳光"——初试不中,再试还是不中。

屡试屡败,柳永心理素质倒挺好,继续在青楼里混,一点也不带脸红的。赌气中,他写了这样一首《鹤冲天》来发泄郁闷并自我解嘲:

鹤冲天

黄金榜上,偶失龙头望。明代暂遗贤,如何向?未遂风云便,争不恣狂荡?何须论得丧。才子词人,自是白衣卿相。

烟花巷陌,依约丹青屏障。幸有意中人,堪寻访。且恁偎红倚翠,风流事,平生畅。青春都一饷。忍把浮名,换了浅斟低唱!

柳永这首词,虽然在言语间讨好了歌女们,却犯了皇帝权贵们的忌讳。要是普通的哭哭啼啼求可怜也罢了,人家失败了,还不让哭两声?但柳永这首词不然,简直就是挑战皇帝御制的"价值观",词里说"才子词人,自是白衣卿相"——不稀罕你那官职,我这样的大才子,就是"白衣卿相"、无冕之王!我徜徉在红粉娇娥的怀抱中,在酒宴间浅斟低唱,这比高中金榜快活多了!

要知道,当时宋代朝廷上下,正是大力宣传"读书有用论"的时候,皇帝鼓励大家"多读书,读好书",学好知识服务皇家。当时的舆论导向,就需要像汪洙的神童诗这样的:"天子重英豪,文章教尔曹。万般皆下品,唯有读书高。"柳永这首词,实在是大大的不合时宜。

　　然而，对于那些窝了一肚子闷气的下第举子们来说，这些话却实实在在说得痛快淋漓！所以，这一首《鹤冲天》，就迅速地传唱开了。不仅当时，只到现在，像笔者这样的，念起"才子词人，自是白衣卿相"一句，还是要浮一大白的。

　　痛快是痛快了，但后果很严重——那就是柳永终于金榜有名时，仁宗却轻轻一笔把"柳三变"这个名字给勾了，批道："且去浅斟低唱，何要浮名？"——你不是说不稀罕功名吗？你去青楼中继续填你的轻歌曼词好了！

　　柳永一怒之下，干脆就自称"奉旨填词柳三变"，更加肆无忌惮地在花街柳巷中放纵起来。虽然说宋词多是写给歌女们唱的，但大多数文人和歌女还是有着隔膜和距离的。少有人家柳永如此"深入生活"，和歌女们打成一片的。

小楼深巷狂游遍，罗绮成丛

　　柳永的词，历来有人讥为"低俗"，这并不是指柳词中多用俗句俗语，词这种文体，本就不推崇"大掉书袋"的风格。以口语入词，算不上缺点，反倒是亮点。这里所说的"俗"，主要是指格调上。

　　李清照曾说柳永"词语尘下"；宋严有翼《艺苑雌黄》一书更是直斥柳永为"闺门淫媟之语"；就算是近代大学者王国维，也在《人间词话》中毫不留情地嘲笑道："屯田轻薄子，只能道'奶奶兰心蕙性'耳。"

　　柳永这些"低俗"类的词，中学课本中固然不选，一般的宋词选集中也摒弃不收，所以好多人并不了解柳词中偎薄轻佻的一面的。像那句管妓女叫"奶奶"的，就出自这样一首词：

玉女摇仙佩　佳人

　　飞琼伴侣，偶别珠宫，未返神仙行缀。取次梳妆，寻常言语，有得几多姝丽。拟把名花比。恐旁人笑我，谈何容易。细思算、奇葩艳卉，惟是深红浅白而已。争如这多情，占得人间，千娇百媚。

　　须信画堂绣阁，皓月清风，忍把光阴轻弃。自古及今，佳人才子，少得当年双美。且恁相偎倚。未消得、怜我多才多艺。愿奶奶、兰心蕙性，枕前言下，表余深意。为盟誓，今生断不孤鸳被。

　　相传当时的青楼女子流传这样的"口号"："不愿君王召，愿得柳七叫；不愿千黄金，愿得柳七心；不愿神仙见，愿识柳七面。"说来柳永有才有貌，加上一贯喜欢做小服低，有甚于贾宝玉。宝玉见到一个女孩子，还只是口中乱叫"好姐姐"，到了柳永这里竟是升了两辈，成了"奶奶"了。

　　来看柳永这首词，上阕夸她是仙宫里下凡的仙女，说什么想用花儿来比她，但花又怎么比得上她既多情，又娇媚。下阕更是甜言蜜语，说两人你怜我爱，在枕前发下盟誓，今生再不分离。这能写词会疼人的柳七哥，叫"奶奶"们怎么能不喜欢他？

　　所以，柳永在当时的"娱乐圈"（勾栏瓦舍）中格外被看重，更不消说，有了柳永的新词来演唱，这些歌妓们的身价顿时会暴涨百倍。所以，柳永混迹于青楼之中，不但免费，甚至还狂花这些女子的钱。

《醉翁谈录》中说："耆卿（柳永）居京华，暇日遍游妓馆。所至妓者爱其有词名，能移宫换羽，一经品题，声价十倍，妓者多以金物资之。"

此书中还记载了这样的故事，说是柳永有天从樊楼下过，楼上有个叫张师师的就喊住他，责怪道："你怎么舍我的门而过？我为了供你花费，把屋里的东西都卖光了，今天说什么也要给我写首词。"柳永正要提笔写，又跑过来刘香香和钱安安两位"小姐"，扯着柳永，要他写词还债。柳永于是戏笔写道：

师师生得艳冶，香香于我情多。安安那更久比和。四个打成一个。

幸自苍皇未款，新词写处多磨。几回扯了又重挪。奸字中心着我。

三个女人一台戏，柳永周旋其间，乐而不疲。然而柳永平生的烟花知己，可不止这几个。仅在他的《乐章集》里有名可查的就还有这许多：

秀香："秀香家住桃花径，算神仙才堪并。"（《昼夜乐》）

英英："英英妙舞腰肢软，章台柳，昭阳燕。"（《柳腰轻》）

瑶卿："有美瑶卿能染翰，千里寄小诗长简。"（《凤衔杯》）

心娘："心娘自小能歌舞，举意动容皆济楚。"（《木兰花》）

佳娘："佳娘捧板花钿簇，唱出新声群艳伏。"（《木兰花》）

酥娘："酥娘一搦腰肢袅，回雪萦尘皆尽妙。"（《木兰花》）

虫虫："就中堪人属意，最是虫虫。"（《集贤宾》）

……

柳永有了丰富的亲身体验，所以不少词写得细微之至，带有浓厚的风尘女子们的"生活气息"，比如他在《锦堂春》一词中，就写出这样有趣的情景：

一个女子嗔怪男人欺骗了她，于是责备道："依前过了旧约，甚当初赚我，偷剪云鬟？"——你不遵守当年的誓约，为什么当初要骗我剪了头发给你？她心下盘算着，对付负心郎的办法是："几时得归来，春阁深关"——不让他进门。然而，盘算了一下，又妥协了：就算进了门，也不让他进被窝——"待伊要、尤云殢雨，缠绣衾、不与同欢"。这意境，现在流行歌曲中也有，只不过比古人更狠更直了些："爱情不是你想买就能买！"

当然，古代女子毕竟温柔，没如今的"小姐"们泼辣，到了最后，还是要"宽大处理"的，于是有了"尽更深、款款问伊，今后敢更无端"？——到了更深夜静的时候，看着惩罚的效果也差不多了，于是问："今后还敢这样吗？"

柳永的词到此就悄然收笔，但此后的"镜头"不难料想，肯定是男人赌咒发誓一番，两人又于锦帐中缠绵云雨去了。这是当时青楼男女之间最为常见的一幕，让柳词表现得淋漓尽致。

所以，当年的宋词正如同今天的流行歌曲，虽然说的都是男欢女爱，但格调却是有不少区别的，人家晏殊等人的词就好比是"想你时你在天边，想你时你在眼前……"这一类的，而柳词却是"擦掉一切陪你睡"这种味道的。别说，我从柳永集中还真找到一阕，正是说"陪你睡"的：

瘦人娇

当日相逢，便有怜才深意。歌筵罢、偶同鸳被。别来光景，看看经岁。昨夜里、方把旧欢重继。

晓月将沉，征骖已备。愁肠乱、又还分袂。良辰好景，恨浮名牵系。无分得、与你恣情浓睡。

所以，当时不少的"正统文人"都视柳永为"庸俗、低俗、媚俗"的"三俗词人"。他们有意和柳永"划清界限"。于是，发生过这样一段故事：

柳永为了求官而拜访宰相晏殊时，晏殊问："近来还作曲子吗？"柳永答："只如相公亦作曲子"——和您一样，闲时也填几首词。结果晏殊怫然不悦，说道："殊虽作曲子，不曾道'彩线慵拈伴伊坐'"。言下之意是说，我写的曲词，可没你那样低俗。柳永听了，脸上青一阵，红一阵，又不敢反驳，只好告退。柳永的求职行动也宣告彻底失败。

然而，自古以来，当年上不了台盘的"俗文化"，后世反而是经典。当年金圣叹以《三国》《水浒》为才子书，可谓语惊四座，被视为哗众取宠。袁宏道说《金瓶梅》"云霞满纸"，远胜于汉代枚乘的《七发》，也被认为是奇谈怪论。可现在谁不承认这是名著？最近的例子是金庸小说，20世纪80年代时，在人们心目中几乎等同于地摊文学，然而如今也堂而皇之地入选中学语文的阅读教材了。

狎兴生疏，酒徒萧索，不似少年时

旧小说里有句话叫"梁园虽好，不是久恋之家"，柳永在秦楼楚馆之中，虽然有"VIP"般的特殊待遇，但是时间长了，也心下有些空落落的。

他在词中写道："归来中夜酒醺醺，惹起旧愁无限。虽看坠楼换马，争奈不是鸳鸯伴。""坠楼"，为绿珠的典故，"换马"是三国时曹彰用美妾换马的典故，此处借指那些青楼中的烟花女子。柳永说：虽有这许多相貌出众的女子，可惜都不是可以结缡终身的良配。

是啊，酒色弥漫的妓馆中，虽然热闹刺激，但终究不是男人的家，不是男人的归宿。于是，柳永也渴望起有个世俗中所推崇的功名了。

宋仁宗景祐元年（1034年），柳永已是年近五十的人了。仁宗皇帝也不再计较他当年的狂放无行。他和二哥柳三接同榜登科高中进士。然而，走进仕途的柳永，却像是晾在沙滩上的游鱼一样，无奈而无助。

明代冯梦龙的《三言》中有这样一则故事，说是柳永为官之后，适值当朝宰相吕夷简做寿，命人带了蜀锦、吴绫等礼物，请柳永写一首寿词。于是柳永磨得墨浓，蘸得笔饱，写下了《千秋岁》一阕云：

泰阶平了。又见三台耀。烽火静，欃枪扫。朝堂耆硕辅，樽俎英雄表。福无艾，山河带砺人难老。

渭水当年钓。晚应飞熊兆。同一吕，今偏早。乌纱头未白，笑把金樽倒。人争羡，二十四遍中书考。

这首寿词其实写得也非常妙，"渭水当年钓"，用了吕望（姜太公）的典故，说吕夷简和吕望一样，都姓吕，又都是宰相。但"太公八十才逢文王"，吕夷简的岁数远比吕望要小得多，此后的前程富贵更加不可限量。

然而，这首词写完后，大概柳永觉得不少谀词并非是发于肺腑的真话，心下有些憋闷，就又写下了《西江月》一调云：

腹内胎生异锦，笔端舌喷长江。纵教匹绢字难偿，不屑与人称量。

我不求人富贵，人须求我文章。风流才子占词场，真是白衣卿相。

牢骚发了就发了，这也是人之常情。但这柳永也太不仔细，竟粗心大意地将这两首词一并卷了送给了吕夷简。这吕夷简先看了寿词，倒也十分欢喜。但看了第二首词后，不禁勃然大怒。其中"纵教匹绢字难偿，不屑与人称量"有嫌宰相送的"稿费"太少之意，吕夷简倒还没有太计较，而"我不求人富贵，人须求我文章"一句，则分明是恃才傲物，不把这位朝中一品放在眼里了。

吕宰相怀恨于心，找了个机会在宋仁宗面前告了柳永的"黑状"，罢了柳永的官职，从此柳永就重归青楼妓馆中"安身立命"了，这才有了柳永死后由众妓集资为其下葬的风流佳话。

《三言》的故事中有一定虚构的成分。不过，柳永最终的官职只是个从六品的"屯田员外郎"，可谓薄宦终生。与柳永同时代的王辟之，在他的《渑水燕谈录》中记载了这样一则轶事，应该是比较真实可信的：

这一年，钦天监汇报，天上看到了老人星。现在我们知道，老人星亮度很高，南半球是经常可见的，但北半球中纬度却非常罕见，只有在某些时候，偶尔从南面天空地平线附近看到它。古人认为它是"南极仙翁"的代表，出现是预示着天下太平、国泰民安。

仁宗知道后，心中大悦。柳永也"见机行事"，写了一首祝词呈上，名为《醉蓬莱》：

渐亭皋叶下，陇首云飞，素秋新霁。华阙中天，锁葱葱佳气。嫩菊黄深，拒霜红浅，近宝阶香砌。玉宇无尘，金茎有露，碧天如水。

正值升平，万几多暇，夜色澄鲜，漏声迢递。南极星中，有老人呈瑞。此际宸游，凤辇何处，度管弦清脆。太液波翻，披香帘卷，月明风细。

从辞章艺术上看，柳永这首词写得华彩生动，情景交融，用意也是颂祝皇帝万寿，海内升平之意。但是，柳永对宫廷应制诗的做法不熟悉，其中屡有冲犯之处，惹得宋仁宗怫然不悦。话说宋仁宗一打眼看到这个"渐"字，就脸色阴沉，为何？因为"大渐"一词，在古代专用于皇帝病危，柳永写祝词，上来却先用了这么一个字，也难怪皇帝心里犯堵。

再往下看，又有"宸游凤辇何处"的字样，和仁宗给其父宋真宗所写的挽词中的字句暗合，此时仁宗脸色已是"惨然"，等看到"太液波翻"一词，仁宗再也按捺不住，说道："为何不写'波澄'！"说罢，将柳永的词丢在地上，从此柳永在皇帝心中的印象极其糟糕，更谈不上晋升了。

金庸在《鹿鼎记》中曾尖刻地说："妓院与皇宫两处，更是天下最虚伪最奸诈的所在，韦小宝浸身于这两地之中，其机巧狡狯早已远胜于寻常大人。"然而，柳永却不是韦小宝，他在妓院中左右逢源，如鱼得水，一口一个"奶奶兰心蕙性"，把什么"师师"、"虫虫"哄得团团转，然而皇官有皇官的"游戏规则"，柳永这一篇祝词"马屁拍在马腿"上，就此断送了仕途前程。

　　所以，柳永当过的最大的官，就是个"屯田员外郎"。故有"柳屯田"之称。然而，这样的叫法就好比现在称"某主任"、"某书记"一样，和诗情雅意无缘。而且，正所谓"诸公衮衮登台省，广文先生官独冷"，诗人词客如"柳屯田"、"杜工部"之类，所任的官职和当时紫袍金带的朝中大佬们相比，实在是卑小寒微，不足挂齿。那还提这些芝麻小官的名头做什么？

　　千年以来，人们所记取的，是那个偎依在红裳翠袖间奋笔挥毫的柳永，是那个在草色烟光的残照中黯然登楼的柳永，是那个醉酒高歌"才子词人，自是白衣卿相"的柳永，而不是那个被乌纱官袍束锢了心身的屯田员外郎。

　　考证历史上真实的柳永，他最终于 68 岁左右卒于屯田员外郎的任上，由王安石的弟弟王安礼为其下葬的。所以，"众名姬合金葬柳七"，只不过是小说家言罢了。

　　然而，也许我们的愿望，就是让这个一直风流娴雅的白衣书生，在众多红颜们簇拥下死去，然后由众裙钗集合金钱将他埋葬，共洒粉泪将他祭奠。就像《红楼梦》中贾宝玉的愿望是："让大观园里众女儿们哭他的眼泪流成大河，把他的尸首漂起来，送到那鸦雀不到的幽僻之处……"

　　然而，"盛席华筵终散场"，愿望再温情浪漫，也融化不了冰冷坚硬的现实。晚年的柳永，孤零零地走了。

　　杨柳岸，依旧晓风残月。谁来问：今宵酒醒何处？

晏同叔

▷ 晏殊（991 — 1055 年），字同叔，抚州临川人。北宋著名文学家、政治家。

▷ 晏殊能诗、善词，文章典丽，书法皆工，而以词最为突出，有"宰相词人"之称。他的词，汲收了"花间派"的典丽词风，语言清丽，声调和谐，得娴雅之情调、旷达之怀抱，写富贵而不鄙俗、写艳情而不纤佻，写景重其精神，能将理性思致，融入抒情叙写，在柔情锐感之中，透露出一种圆融旷达的观照，形成了自己的特色。与其子晏几道，被称为"大晏"和"小晏"。

　　看了柳永仕途坎坷的故事后，不少人可能又要大发感叹，"诗词能穷人"之类的牢骚随着唾沫飞溅不休。然而，正所谓"命苦不能怨政府，点背不能怨社会"，北宋初年，其实还是比较尊重知识、尊重人才的。另外，大可不必把写诗填词说得如此恐怖，要是那样的话，人人避诗词唯恐不及，俺的书就不好卖了，呵呵。

　　纵观文坛，辞章傲然不俗，冠冕显赫威风的也大有人在。和柳永同时代的太平宰相晏殊，就是这样一个官场文坛两得意的人物。

　　位极人臣的大佬哪朝哪代也有，但像晏殊这样堪称仕途一顺百顺的却并不多，他一生安富尊荣，没有"三起三落"那样的大波折，时值四海升平的盛世年景，他也没有遭遇过像"澶渊之盟"那样惊心动魄的事件。一年年，他享尽了花前月下，诗酒自在。晏殊有八子六女，子婿都做京官，堪比"满床笏"的郭子仪。唯一有些遗憾的是，他的寿数只有65岁，略短了些，不过在古代也算说得过去了。

　　张潮在《幽梦影》中说："十岁为神童，二十、三十为才子，四十、五十为名臣，六十为神仙，可谓全人矣。"如果把"为神仙"理解为"仙逝"的话，晏殊完全符合"全人"的标准。

红英一树春来早，独占芳时

在宋代文人中，晏殊的寿数排不进前十名，但他的"工龄"却少有地长。他 14 岁就成为朝廷命官，为官食禄近五十年。多少书生学子们熬白了头发，一级级地千军万马过独木桥，艰难地挤上仕途。而人家小小孩童晏殊，仿佛有游戏中的"通关秘籍"一般，直接就蹦到了彼岸，被皇帝宋真宗录用。

晏殊的出身并不高贵，其父晏固只是一介小吏。不过越是这样，越能增加晏殊一生中的"幸福指数"。富贵功名，如果是生来就有，也就不怎么稀罕了。由苦入甜，那份喜悦才会让人心怡神醉。

晏殊自小聪明，7 岁就能写文章，被目为神童。更为幸运的是，他 13 岁那年，当时的工部侍郎李虚已非常欣赏晏殊的才华，将自己的女儿许给他为妻。第二年，14 岁的晏殊由工部尚书张知白（和晏殊的丈人是正副职关系）举荐，得以目睹天颜，由宋真宗亲自面试。就此，晏殊得以步入青云。

晏殊的成功，当然有"贵人"（其岳父）从中相助的因素，但也不能完全说是"潜规则"。归根结底靠的还是自己的本事，如果他只是一个平庸的孩童，李虚已又怎么会看得上家世寒微的他？就算推举到皇帝驾前，当时一起接受皇帝面试的也不仅仅是晏殊这一个"神童"，他又怎么能脱颖而出，深受皇帝垂青呢？

14 岁的晏殊，面对皇帝，表现得超乎寻常的沉稳老练，他和几千名进士一起参加"殿试"，面对由皇帝亲自监考的大场面，面对这些比他多吃了几十年饭的"大哥哥"甚至"老爷爷"们，他丝毫不怯场。《宋史》载："殊神气不慑，援笔立成"。宋真宗大喜之下，赐晏殊"同进士出身"——皇帝特别恩准他和其他进士一样，拥有"同等学力"。

小小晏殊，其成熟和老到远远超过了某些活过大半辈子的老臣，所以皇帝很放心地让他陪太子（即后来的宋仁宗）读书。然而，走到这一步，并非就可以高枕无忧了。

有这样一个例子，这位神童和晏殊有很多的相似之处：同样处在开国不久的盛世，同样早早地被地方官举荐到朝堂，同样被派到东宫陪皇子读书，但是他却不久就被贬出京，一生坎坷多难，少年夭亡。猜到了吧？他就是"初唐四杰"之一的王勃。

王勃虽然聪明，但性格倔强疏放，对皇家禁忌知之甚少，他的《檄英王鸡》一文自以为是游戏文字，却无意间带有挑拨皇室间骨肉相争的嫌疑，于是唐高宗大怒，将他逐出京城，再不录用。

当时在东宫陪太子读书的并非晏殊一人，还有一个来自福建的神童蔡伯俙。太子年幼顽皮，晏殊每每苦口婆心地规劝，而蔡伯俙却擅长献媚，事事附和太子。宫里的门槛很高，太子年幼个矮，迈起来非常费力，蔡伯俙就主动趴在地上，用后背给他垫脚。又有一次，真宗皇帝查考太子的文章，太子要晏殊代做，晏殊推辞不允，蔡伯俙却抢着当"枪手"替写文章。

后来，真宗驾崩，太子继位，是为宋仁宗。仁宗对晏殊倍加重用，却打发蔡伯俙去当地方官。蔡伯俙不服，诘问仁宗，仁宗道："当时朕年幼，不分良莠，现在觉得治国一定要用正直可靠的人。"蔡伯俙听了，羞惭满面，无言以对。当然，也怪蔡伯俙"生不逢时"，如果生在宋徽宗那样的时代，得以充分发挥他"谄媚惑主"的专长，说不定除了蔡京外又多了一名姓蔡的大奸臣。

看来，晏殊能一直仕途得意，也绝非偶然，他不谄不佞，忠实可靠，这是他最出色的个人品质，也正好迎合了当时的政治氛围。所以无论是宋真宗还是宋仁宗，都很喜欢和信任他。《宋史》载：宋真宗对晏殊十分看重，有时遇到一些棘手的事情，就写一个小纸条派人送给晏殊进行咨询，晏殊每次回复时，都把宋真宗原稿和答奏的纸张粘在一起，以示绝无外泄遗漏之虞。这样的谨慎干练，皇帝岂有不喜欢的道理？

露滴彩旌云绕袂

晏殊一生，没有太大的波折，其间虽然也有过几次贬谪，但都不是那种"伤筋动骨"的大挫折，像唐代的李德裕、后来的苏轼那样一下子被贬到"天涯海角"的情况，晏殊从来没有经历过。

《能改斋漫录》记载着这样一段轶事，说晏殊历任朝中要员，就算到地方上去做官，也是靠近都城的大郡，没有远离过京师。有一次，晏殊被外派到陈留（离京师仅 40 里）去当官，送行的酒席上，官妓轻唱的词中有"千里伤行客"一句，晏殊听后勃然大怒，愤然呵斥道："我平生做官，没有远离过京师五百里以外的地方，什么'千里伤行客'，说谁是'千里伤行客'啊？"

所以，晏殊的诗词之中，少有浮沉难定、世路艰难的沧桑，罕见关河冷落、乡关何处的凄凉。据说他无日不宴，可谓"座上客常满，樽中酒不空"，每次酒过三巡，菜过五味，晏殊家的美貌歌妓就出来唱词献艺了。而等歌妓们唱罢，晏殊就说，你们献完技艺，该我表现一下了，说罢就让人取来纸笔填词。所以晏殊的词大半为酒宴间的遣兴之作。

相当多的人"认识"晏殊，是缘于他的《珠玉词》，所以在不少人的印象中，晏殊是位温和娴雅的文士，徘徊踟蹰于小园香径之中，看"无可奈何花落去"而伤怀，望"似曾相识燕归来"而慨叹。《碧鸡漫志》中称晏殊的词："风流韫藉，一时莫及，而温润秀洁，亦无其比。"《珠玉词》的风格确实如此，但晏殊的性格却有所不同。

《四库全书》中这样评点晏殊的集子："晏同叔赋性刚峻，而词语特婉丽。"确实，晏殊的脾气其实并不好。前面讲过，一个歌妓随口唱的"千里伤行客"一词，就让他大发雷霆。而且晏殊被罢去宰相的职位，有一次就是因为乱发脾气惹的祸。

《宋史·晏殊传》中记载，有一次随皇驾去"玉清昭应宫"时，晏殊突然发现自己的笏板居然没有带，如此重要的典仪上，没有笏板怎么行？晏殊急得头上直冒汗，当那个丢三落四的仆人气喘吁吁地送来笏板时，晏殊抡起笏板就是一个嘴巴，打得那个仆人牙都掉了几颗。就因为这事，马上有大臣弹劾晏殊，罢了他的宰相之职。

有人通过此事，感慨道：宋代很重视"人权"啊，晏殊虽是宰相，但打了身份低贱的仆人，竟然也获罪削职。其实并非如此，大臣是这样告状的："殊身任辅弼，百僚所法，而忿躁亡大臣体……先朝陈恕于中书榜人，即时罢黜。请正典刑，以允公议。"

意思是说，晏殊乃朝廷重臣，百官的榜样，这样暴躁是有失体统的事情，前朝（宋太宗时）有个叫陈恕的大臣，在办公场所用棍子打下人，当场革职，所以对晏殊也要治罪，以免大家议论，心中不平。

　　看来，并不是什么尊重人权，而是维护朝廷的礼仪，晏殊要是在自己家里，就算把仆人打得满地找牙也没有什么事，或者不是晏殊自己动手，让别人打，也没事。晏殊就因为这件事，被罢去了宰相，去了应天府（现在的河南商丘）"挂职"。

　　所以，晏殊的脾气是不怎么好的，所谓"词不可概人"（《蕙风词话》），也就是说不能用词的格调推测人的品性，这是很有道理的。

　　不过，晏殊这次贬谪，为时不长，不久又回到京师，重新担任宰相。晚年的晏殊，虽不再担任宰相，但皇帝特意照顾，仍赐其宰相待遇，随从、仪仗的排场上也一如既往。

　　晏殊最后病死于京城。晏殊病重期间，皇帝欲亲自前去看望，但晏殊多年为相，熟知内情，知道皇帝看望病危大臣时，往往随驾携带纸钱等祭品。因为多数情况下，不是病情特别严重，哪里能随便惊动皇帝？皇帝来探望时，病重大臣往往就咽气了。皇帝日理万机，夜理万姬，哪有闲工夫再重新准备祭品来吊一次丧？所以就形成了这个惯例。晏殊觉得这事很晦气，所以就谢绝了皇帝的探望。然而，65 岁的晏殊还是没有再从床上下来，就此溘然长逝。

　　晏殊多年身居要位，门生遍布朝堂，尽是北宋的股肱之臣，其中有著名的"一韩一范"——范仲淹是百代名臣，韩琦是三朝宰相。此外，还有欧阳修、宋祁、富弼、王安石等，都出自其门下。富弼还是晏殊的女婿，和王安石都官拜宰相。所以，晏殊的小儿子晏几道才有资格骄傲地说："今政事堂中半吾家旧客。"

　　晏殊生前富贵、死后哀荣。宋仁宗亲自祭奠，谥其号为"元献"。

然而，一生安乐的晏殊入土之后，却未得安生。晏殊的坟墓紧挨着一个叫张侍郎的坟茔，盗墓贼先偷偷挖开了张坟，只见里面的宝物琳琅满目，大喜之下，又在晏殊的坟墓上开了个盗洞，哪知费尽了力气后，晏殊的坟墓中居然没有什么宝贝，只有木胎金裹带一件还略值几个钱，盗墓贼恼怒之下，竟挥起斧头将晏殊的尸骨砍得粉碎。

难道是晏殊一生太过顺利，所以身后才有此厄？说到这里不免又想起自称"十全老人"的乾隆皇帝，他也称得上是一生寿全福满，尽享荣华。但是死后也同样有军阀孙殿英来盗墓，弄得尸骨零碎难全。

当然，人死如灯灭，死后已是无知无晓，这些"磨难"，只是让生者伤怀惋惜罢了，其实于死者无涉。庄子说得好："在上为乌鸢食，在下为蝼蚁食"，终归要化为乌有的。

红笺小字，说尽平生意

晏殊的词集名为《珠玉词》，翻开后，但见温润娴雅，字字珠玑。《青箱杂记》中曾记载说：

晏元献公虽起田里，而文章富贵，出于天然。尝览李庆孙《富贵曲》云："轴装曲谱金书字，树记花名玉篆牌。"公曰："此乃乞儿相，未尝谙富贵者。"故公每吟咏富贵，不言金玉锦绣，而唯说其气象。若"楼台侧畔杨花过，帘幕中间燕子飞"，"梨花院落溶溶月，杨柳池塘淡淡风"

之类是也。故公自以此句语人曰："穷儿家有这景致也无？"

的确如此，没见识的穷人猜想皇帝肯定是天天吃油饼，或者顿顿大鱼大肉，哪里尝过如《红楼梦》中"茄鲞"的滋味？李庆孙那个《富贵曲》，无异于刚发了笔横财的土老帽，穿金戴银地上街招摇，徒自让人笑话穷人乍富罢了。不久前，网上帖了一幅好玩的图：一个坐公交车的老哥，两手戴着四个大金镏子，右腕还外加一晶光四射的金表，评者纷纷笑话他是土包子。

所以，如果想品味富贵娴雅的格调，领略最纯粹的贵族气质，晏殊的词是不二之选。假如我们将柳永的词比做是一位风尘味十足、性感妩媚的妖冶女郎的话，那么晏殊的词就是一位端庄高贵、矜持清雅的贵族小姐。也难怪晏殊不愿意把自己的词和柳词相提并论。柳永的笔下，写起床笫之事肆无忌惮，像什么"脱罗裳、恣情无限"，并且细细摹写做爱不关灯的情景——"留取帐前灯，时时待、看伊娇面"（《菊花新》）。

从源流上来说，晏殊的词，还是属于花间一脉，但不用说比柳永，就算和温庭筠、冯延巳等人的词相比，晏殊的格调都要高出一筹。温、冯等人的花间词，虽然不如柳永更"下半身"，但也常常是摹写女子的心理，其中情怀，十九是离情别绪，说粗俗一点无非就是"想汉子"罢了。大凡小词，一旦拟写女子情态，往往会沾上情色意味，和男欢女爱分不开。

诗话中记载，晏殊的儿子晏几道，曾经力辩其父所写的词和男女之情无关。他曾对蒲传正（神宗时翰林学士）说："先公平日小词虽多，未尝作妇人语也。"结果蒲传正反驳道："'绿杨芳草长亭路，年少抛人容易去'，这难道不是妇人语吗？"晏几道白了他一眼说："你以为词中的'年少'是指什么？"蒲传正说："不是指女子的情郎吗，也可以称为'所欢'。"晏几道说："哦，那我明白了，白居易两句诗是这样说的：'欲留所欢（年少）待富贵，富贵不来所欢（年少）去。'"

争辩的最终结果是"传正笑而悟"，似乎是赞同了晏几道的结论，但我们理性地分析一下，晏几道的说法大有强词夺理之感，也许是蒲传正照顾他为先人讳的孝心，没有继续和他较真。翻开《珠玉词》，明写"妇人语"虽然不多，但也不是绝对找不出来，比如这一首《浣溪沙》："淡淡梳妆薄薄衣，天仙模样好容仪。旧欢前事入颦眉。 闲役梦魂孤烛暗，恨无消息画帘垂。且留双泪说相思。"这首词中的"旧欢"，说得更为确凿，小晏恐怕再难强辩了吧。

当然，话说回来，晏殊的词中，模拟女子情态的并不很多，他虽然也有"人别后，月圆时，信迟迟。心心念念，说尽无凭，只是相思"，这样读来让人感到情思婉变的句子，但都写得十分纯净。而且，晏殊的"招牌菜"并非是这一路。"小园香径独徘徊"的清幽娴雅，"无可奈何花落去"的淡淡感伤，才是晏殊词的主旋律。

我读《珠玉词》，常想起一首咏石榴的诗"嚼破水晶千万粒"。晏殊的词，字字婉丽优雅，确实是如珠似玉。不说"无可奈何花落去"、"落花风雨又伤春"这一类最家喻户晓的好词，就翻些"窗间斜月两眉愁，帘外落花双泪堕"、"海棠开后晓寒轻，柳絮飞时春睡重"之类的句子，也足够我们再三赏叹不已的了。

晏殊的词，美丽优雅，伴着一丝淡淡的忧伤。"乐而不淫，哀而不伤"的气度，在晏殊词中体现得最为完满。晏殊词中的忧伤，就像一位非常高贵有涵养的女子，遇到悲伤的事情时并不嚎叫哭骂，她只是眉间一蹙，珠泪盈盈。此情此态，最堪怜爱。

晏殊一生衣食无忧、官高权重，应该说没有多少别的烦恼。然而，"公道世间唯白发，贵人头上不曾饶"，晏殊也留不住这似水的流年，他的称心岁月在一天天无情地消逝！

《小窗幽记》中说："贫贱之人，一无所有，及其命终时，脱一厌字；富贵之人，无所不有，及其命终时，带一恋字；脱一厌字，如释重负；带一恋字，如担枷锁。"其实，不用等到"命终"时，富贵之人就对时光流逝、岁月无情更多一份敏感，多几分触动。

因此，晏殊不断地流露出这样的感叹：

春花秋草，只是催人老！……

可奈光阴似水声，迢迢去未停……

时光只解催人老，不信多情……

晏殊词中，类似这样的纠结萦绕其中，千丝百缠。有限的年岁，消磨于无限的光阴中，不可挽留。这是人世间无法破解的最大难题，一直到今天，虽然时光流转了千年，人们在衣食住行各方面有着前人难以想象的便利，但每逢"金风细细，叶叶梧桐坠"的时节，每遇"余花落尽青苔院"的光景，我们也会有像晏殊一样的感慨，一样的无奈。

晏殊的词，最适合带到江南三月的古镇中去读。此时，檐牙处的燕子浅浅低回，石阶边的绿痕渐渐洇上。趁着那幽幽的茶烟，翻开这一册《珠玉词》，直看到斜阳却照深深院。那一份深婉蕴藉的情致，就此沁于心中，那一份雍容优雅的气度，也长伴于胸怀。

范仲淹

▷ 范仲淹（989 — 1052 年），字希文，苏州吴县人。北宋杰出的思想家、政治家、文学家。

▷ 范仲淹词作存世共五首，虽然数量较少，但首首脍炙人口，在宋词的发展中起着承前启后的重要作用。北宋开国至宋仁宗，生活享乐渐成风尚，以艳情为主要话题的词亦趋向繁荣。范仲淹《渔家傲》一词实际上是边塞词的首创，这首词的内容和风格直接影响到宋代豪放词和爱国词的创作，为宋词开辟了崭新的审美境界。

《水浒传》中说宋仁宗是上界赤脚大仙下凡，降生后昼夜啼哭，直到"同事"太白金星下界，在其耳边悄悄说了句"文有文曲，武有武曲"八个字，给赤脚大仙吃了定心丸，才止住他的哭声，从此安心在人间挂职当皇帝。

辅佐仁宗的"文曲星"是有名的包青天包拯，"武曲星"则是征西大元帅狄青。说来也怪，这文臣包拯生就一个黑炭头，很是粗豪威武；武将狄青却是白净清秀，以至上武场时不得不带着青铜面具威吓敌人，所以又有好事者编造，这两位星宿下凡时过于匆忙，竟然拿错了"行头"，才有"黑白颠倒"的结果。

抛开传说的神秘烟幕不谈，宋仁宗一朝确是人才济济，远不止一个"文曲星"包拯，一个"武曲星"狄青这样简单。像欧阳修、韩琦、富弼、文彦博、梅尧臣、种世衡等，都是当时的良臣名将，司马光、王安石、苏轼这些响当当的人物也是在仁宗一朝走上仕途的。所以后来苏轼赞道："仁宗之世，号为多士，三世子孙，赖以为用。"

平常人家攒钱，书香门第攒书（"人遗子，金满籝，我教子，唯一经"），而帝王之家，要"攒"人才，宋仁宗时"攒"下的人才家当，够宋朝皇帝三代用的了。

在如此众多的名臣之中，最受人称赞的却是这样一位人物，他"在布衣为名士，在州县为能吏，在边境为名将，其材其量其忠，一身而备数器。……求之千百年间，盖不一二见"。

这样文武兼通，德才兼备，千百年间才出一个的人物，是谁？他就是北宋的名臣范仲淹。

先生之风，山高水长

说起范仲淹，我们不免想起千古名篇《岳阳楼记》。那句"先天下之忧而忧，后天下之乐而乐"已是众所周知的名言。当然，有时候说归说，做归做。为武后男宠捧尿盆的无行文人宋之问，不还有"百尺无寸枝，一生自孤直"这样貌似充溢着堂堂正气的诗吗？然而范仲淹是这样说的，也是这样做的，他一生的作为，确实无愧于这两句话。

写此文时，有"史上最干净的爱情"之称的电影《山楂树之恋》正在热播，据说为了寻找"最纯"的女主角，老谋子的剧组找遍了全国，几乎筛遍了所有女孩子，费死劲了。要我说，范仲淹这个人，可以算做是"史上最干净的官吏"，在厚黑学盛行的官场中再找这样一个人，难度比海选《山楂》剧中的女主角更胜一筹。

范仲淹一生的事迹，堪称楷模。我是从小就听范仲淹"断齑划粥"苦学不辍的故事。所谓"断齑划粥"，是说范仲淹少年苦读时，每天煮一锅粥吃。粥凉之后，会凝成一大块。范仲淹就在粥上划上两刀，分成四块，每顿饭就是两块粥伴着几根咸菜，这样既省钱又省时间。

而今，这样的故事，讲给现在整天汉堡、酸奶不离口的小朋友们听，已是非常的遥远隔膜。他们可能会说："范仲淹直接泡碗方便面，不更简单？"

范仲淹两岁时父亲就早早病逝，母亲带着他改嫁一个姓朱的小官。于是范仲淹改名为朱说。直到 23 岁时，偶然的一次口角，才让他明白了自己的身世。前面说过，范仲淹非常俭朴，但朱家的兄弟却大吃大喝，花钱如流水。范仲淹看不过去，就以兄长的身份来劝止。结果这兄弟白着眼说："我自用朱氏钱，干你鸟事？"范仲淹何等聪明，一听就觉得话中有话，于是设法一打听，有多嘴的人就告诉了他事情的原委。

范仲淹马上收拾行装，毅然离开朱家，独自去南京的应天府书院读书去了。在这里，范仲淹一意苦读，心无旁骛。有一天，真宗皇帝御驾亲临应天府，一时间人山人海，书院里谁还在"上课"啊？大家都挤到街上去看皇帝了。结果范仲淹却纹丝不动，还是看他的书。别人劝道："得见真龙天子，这是百年难遇的机会，你怎么就不去呢？"范仲淹微微一笑说："以后见也不晚。"

果然，没有挤着去看热闹的范仲淹，第二年就金榜高中，在赐予新科进士的御宴上，大大方方地近距离见到了真宗皇帝。所以，这人就是要胸有大志，整天挤到人群里去抢超市的促销商品，满大街算计着寻找打折衣服，能成就什么大事业？

功成名就的范仲淹（当时名字还是朱说），从朱家接回了母亲，并正式向朝廷上表要求改了名姓。这其中有一联非常值得叹赏："志在投秦，入境遂称张禄；名非霸越，乘舟乃效陶朱。"

这里用了两个典故，上联是说战国时的范雎，因逃难到秦国，改名为张禄，后来他成为秦国丞相，提出"远交近攻"等谋略，为秦国统一天下打下了基础。而"陶朱"指和西施泛舟五湖的范蠡。他助越王灭吴后，弃政从商，隐姓埋名，世称"陶朱公"。这两位都是历史上更名换姓的人，而且都是响当当的大腕人物，还恰好都姓范，所以大家激赏不已，传诵一时，目为奇文。

你看，这饱读诗书、博古通今就是好吧？范仲淹把自己当"拖油瓶"这件大不光彩的事，引经据典这么一说，化耻为荣，倒显得和史书中的"大腕"们——范雎、范蠡同列了。

好多"朝为田舍郎，暮登天子堂"的书生，做官后就拼命享乐，好把当年十年寒窗的辛苦补回来，连动笔修史时也要美女持烛侍酒的宋祁，在其兄长劝他不要过于奢侈时，就说："我们当年吃咸菜稀粥，为了什么啊？不就是为了今天的享受吗？"所以，很多人都是百般"珍惜"这来之不易的官位，视乌纱帽为自己的"第二生命"。

而范仲淹却并不这样，他屡次上书，直谏最高统治者。仁宗时，章献太后（刘娥）垂帘听政，掌握最高权力。范仲淹当时只是个小小的秘阁校理，负责在皇家图书馆抄抄写写的活儿，居然敢上书让太后还政。好在他遇上的不是嗜杀的武则天，不然我们可就看不到《岳阳楼记》了。

有时这样想一想，不禁汗透脊背。如果范仲淹此时就被诛杀，我们今天能否知道还有一个叫范仲淹的人物都很难说。也许史书上只有这样寥寥几字："天圣七年，秘阁校理范仲淹上表忤章献太后，下狱死。"

尽管如此，他还是被贬出京，"上山下乡"去了。在地方沉寂了三年，太后死了。仁宗把他召回京城，然而不到一年，范仲淹却又挺身而出，力谏仁宗，阻止他废后。皇帝恼了，再次将他贬走。又隔了一段时间，皇帝重新起用他，然而，范仲淹秉性不改，又上《百官图》，揭露官员之间的关系网，并指责宰相结党营私。这不啻捅了官场的"马蜂窝"，宰相的大批党羽疯狂反噬，诬蔑范仲淹离间君臣，于是范仲淹再度被贬出京城。

据说，范仲淹第一次被贬出京，朋友们安慰他说"范君此行，极为光耀"；第二次被贬，朋友又说"范君此行，愈为光耀"；第三次则说"范君此行，尤为光耀"！范仲淹听了苦笑道："仲淹前后三光矣。"这就是范仲淹"三黜三光"的故事。所以也有人称范仲淹为"三光大臣"，不过这个名字不好听，不清楚的人，还以为范仲淹执行"杀光、烧光、抢光"的"三光"政策哪，我们也不便称其为"范三光"。

范仲淹的行为，有人恶毒地攻击道："非忠非直，但好奇邀名而已。"换成今天的话讲，就是说范仲淹不是为了坚持忠义，只是为了哗众取宠，炒作自己罢了。

范仲淹这样的做法，在精通官场哲学的人看来，简直是愚不可及。我们知道，宋代官员的待遇异常优厚，一品官月领禄米150石，钱12万文，算起来至少合现在一个月6万多的工资，而且还有公用钱（相当于现在的招待费）使用，大点的官，公用钱可高达2万贯。宋代还在风景名胜之地，修建了让高官们免费疗养的场所，这些都是公开的享受，其他的"灰色收入"更不必说。所以，在宋代当官，过上花天酒地的生活是没问题的。

同为仁宗年间进士的王珪，才略远不及范仲淹，但后来竟熬到了宰相之位。这人"好"就"好"在不惹事，不"折腾"，毫无主见。史书中讥为只知"取圣旨"、"领圣旨"、"得圣旨"的"三旨相公"。如果范仲淹稍稍收敛一点锋芒，以他的才干，坐上百官之首的相位也并非难事。

但是，这不是砥砺名节、惟道为行的范公性格！

范仲淹并不傻，他知道直言进谏的后果，他自己写过："臣非不知逆龙鳞者，掇齑粉之患；忤天威者，负雷霆之诛。"然而，明知进谏有粉身碎骨的危险，他却毫不退缩，一次次的"惹是生非"，在后人看来岂不是太不明智了？

范仲淹早就料道后人会这样想，所以他在诗中写道："岂独世所非，千载成迂阔"——不仅当世人看不惯我的做法，千年后的人也会笑我迂腐！

然而，如果太多的人嘲笑范仲淹，崇拜官场不倒翁，信奉滑头哲学的话，那就是一个正在腐烂的时代。像电视剧《潜伏》里借谢若林之口说的："那帮当官儿的，满嘴都是主义，其实肚子里装的都是他妈的生意。"这些明哲保身、一心利己的官员，渐渐成为社会肌体中的寄生虫、癌细胞，最终必将导致社会的大溃烂，不但祸国殃民，而且也害及自己的家族及子孙。

明末的一些官僚，对国家衰亡不理不睬，唯以贪污自肥为务。结果北京城破，被拷掠索饷，死得苦不堪言。又如秦国宰相李斯，为了怕扶苏继位后，其亲信蒙恬夺了自己的相位，竟违心地勾结赵高，杀害了太子扶苏。结果，不但秦朝二世而亡，百姓生灵涂炭，自己也被全族抄斩。苏轼在《隐公论》中曾慨叹道："使斯闻高之言。即召百官、陈六师而斩之，其德于扶苏，岂有既乎。"

也就是说，李斯如果不听奸宦赵高之言，不是从一己之私出发，而是果断地召开百官参与的"朝廷扩大会议"，揭批赵高阴谋然后斩了他，立正直的公子扶苏继位，那情况将如何呢？扶苏生性仁厚，众望所归，不但对秦国社稷有利，对天下百姓有利，对李斯自家一族也有利，就算李斯当不成丞相，也不见得会有满门抄斩之祸。

所以，多几个范仲淹这样的人，是社稷之福，也是苍生之福！

治国重在治吏，范仲淹后来任枢密副使（副宰相）时，曾将一些无德无能、尸位素餐的庸官贪官尽数罢职。同事富弼看范仲淹大笔一挥，勾掉一大片官员的名字，觉得下手太"狠"，就劝道："你这轻轻一勾，可就让这个官一大家子人哭天喊地啊！"范仲淹说，罢了这样的官，只是一家哭，而如果不罢他，一州（宋代称为路）的百姓可都要哭啊（"一家哭何如一路哭"）！

然而，范仲淹却并非是那种铁石心肠、草菅人命的酷吏。起义军张海过高邮境内，当地长官晁仲约见抵挡不住，就令百姓献牛肉美酒，张海心下喜欢，就没有杀掠人民。这件事朝廷得知，富弼等建议按通匪罪斩杀晁仲约。而范仲淹却坚决反对，他说："祖宗以来，未尝轻杀臣下，此盛德事，奈何轻败坏！他日主上手滑，吾辈亦未敢自保也。"

由此可见，范仲淹内心是仁慈的，他心有大爱，关心百姓的疾苦，尊重生命的价值。

范仲淹给自己的儿子起名为纯仁、纯粹、纯礼，其实正代表了他一生所奉行的品格。而他写给汉代高士严光的"云山苍苍，江水泱泱，先生之风，山高水长"这几句赞语，我们用在他自己身上，又是何等的恰当！范仲淹这种光风霁月的胸怀，令人肃然起敬。

不负云山赖有诗

范仲淹的诗词文赋，虽然在数量上远不及同时代的晏殊、欧阳修、梅尧臣等人，但他却开宋词豪放派先河，早于苏轼、辛弃疾等，唱出宋词中铿锵雄健的词调来：

渔家傲

塞下秋来风景异，衡阳雁去无留意。

四面边声连角起。千嶂里，长烟落日孤城闭。

浊酒一杯家万里，燕然未勒归无计。

羌管悠悠霜满地。人不寐，将军白发征夫泪。

这一阕《渔家傲》，我们太眼熟了，因为语文课本里选过。然而，好多人对于这首词的理解，并不是十分透彻。正像有些天天见面的人，只是脸熟，但他的内心世界，你却并不了解。

首先，这一首词是宋代最早的豪放词，它突破了春恨秋悲、卿卿我我的篱藩，丝毫不带闺阁脂粉的气味，这样的词以前是没人写过的。所以，在当时还被欧阳修讥笑过，称其为"穷塞主之词"，嫌这首词太悲凉，甚至有些沮丧。

看来，没有在边关的生活经历，欧阳修无法理解范仲淹的心情。当时西夏兵马强悍，宋军屡战屡败，勉强支撑。所谓"军中有一韩（韩琦），西贼闻之心骨寒；军中有一范（仲淹），西贼闻之惊破胆"，其实只不过是宋朝为自己鼓劲的宣传词。宋军人数虽多，但战斗力极弱，和人家"西贼"交战，每每惨败。韩琦曾笑话范仲淹过于慎重，说什么为将用兵，要将"胜负置于度外"，结果仓促进兵的韩琦惨败于好水川、兵败而回时，阵亡将士父兄妻子几千人号哭震天，范仲淹叹道："当是时，难置胜负于度外也！"

所以，词中的苍凉心境，是和当时的战况相关联的。格调是有些苍凉，然而，却绝不像安意如理解的那样：

"当北宋的范仲淹写下'人不寐，将军白发征夫泪'时，心情想必是晦暗萧瑟的。他一定想到过放弃，逃离，甚至，有一瞬他想要有一种力量去解放这些身处旋涡里的人，也解放他自己。大家逃了吧，散了吧……"

她不想，以范仲淹的为人，能这样做吗？这样做了，又置整个大宋的百姓子民于何地？

满地寒霜的塞上，将军的白发、征夫的血泪，支撑着大宋的西北半壁，就是在这样的艰苦环境下，范仲淹修筑关隘，提拔将才，训练士卒，不数年间，边事渐趋平定，狄青、种世衡等一系列宋军将星也冉冉升起。

终北宋之世，西夏边境没有成为宋朝的致命伤口，范仲淹可谓功不可没！

再来看范仲淹的这一首词：

剔银灯

昨夜因看蜀志。笑曹操孙权刘备。用尽机关，徒劳心力，只得三分天地。屈指细寻思，争如共、刘伶一醉？

人世都无百岁。少痴騃、老成尪悴。只有中间，些子少年，忍把浮名牵系？一品与千金，问白发、如何回避？

这词如果只是凭写作风格猜一下作者，恐怕多半要往苏轼、辛弃疾二人身上想。的确，这太像他们的风格了。这"酒酣耳热说文章"式格调，后来在苏、辛的集子里一抓一大把，但是在范仲淹之前的词人集里，你找找看，恐怕没有。

这足以说明，范仲淹对于开拓词的境界有着非常重要的贡献。如果词的风格也可以申请专利的话，他非常有资格成为豪放派词风的专利人。

品味这首词，我们会感慨，范仲淹也有意志消沉的时候，正所谓"再强的人也有权利疲惫"，而文人们的"精神后花园"往往是在诗和词里。

范仲淹并非是那种刻板木讷、无情无趣的腐儒。他这两首小词，非有情人不能为之：

苏幕遮

碧云天，黄叶地。秋色连波，波上寒烟翠。
山映斜阳天接水，芳草无情，更在斜阳外。
黯乡魂，追旅思。夜夜除非，好梦留人睡。
明月楼高休独倚，酒入愁肠，化作相思泪。

御街行

纷纷坠叶飘香砌。夜寂静、寒声碎。真珠帘卷玉楼空，天淡银河垂地。
年年今夜，月华如练，长是人千里。

愁肠已断无由醉。酒未到、先成泪。残灯明灭枕头欹，谙尽孤眠滋味。
都来此事，眉间心上，无计相回避。

这两首词，婉约却并不软媚，透出澄净清爽的情怀；缠绵却并不低
徊，有着高远旷达的境界。不但在北宋当时软红轻翠的词坛中别具一格，
放在历代词人的佳作里相较，也是难得一见的精品。

仔细品味，这"碧云天、黄叶地"，是何等寥廓清幽的景象？这
"天淡银河垂地"、"月华如练，长是人千里"，又是何等空阔悠远的情
致？这样的字句，和盛唐人的胸怀庶几无异。同范公相比，柳永的词多
数是在床上打滚，晏殊也不过是"小园香径"、"梨花院落"里徘徊罢了！
只有等苏轼出世，写出"有情风万里卷潮来"这样的句子，才有得一比。

而且，这两首词的格调并非是一味地狂洋奔放，像"酒入愁肠，化
作相思泪"、"都来此事，眉间心上，无计相回避"这样的句子，可谓情
深之极，又何曾输给那些莺莺燕燕、牵牵挽挽的清词丽句？李清照的那
句"此情无计可消除，才下眉头，却上心头"，广为后人传诵，岂不知全
是由范仲淹这一句中化出的。

所以，我们绝不能把范仲淹想象成一位迂腐腾腾、木像泥胎的人。
如果哪位美眉穿越到北宋初年，我劝你如意郎君的目标首选范仲淹，别
看晏殊优游富贵、宋祁多情浪漫、富弼位高权重，其实都不如范仲淹更

值得信赖。你会为他的人格魅力所感染折服，和他一起过日子，心地也变得纯净澄明，如处暖阳之下。

旧时有"忠厚传家久"之语，从范仲淹后代子孙的经历看，确实如此。范仲淹的四个儿子都是仁义无双的才士，次子范纯仁官至宰相，仕途显达，胜似乃父。范公家世绵泽，直到数百年之后。《樵书》中记载，有一位叫范希荣的，是范家后裔，乘舟时遇到强盗打劫，当强盗头目听说他是范公后代时，不但饶他性命，还勒令同伙不得妄取舟中一毫财物。

还有，明代一个叫范文从的官员触怒了朱元璋，被下狱论死。然而，当朱元璋复审案卷，得知他是范仲淹的十二世孙后，就下旨饶他五次不死，并御笔写了"先天下之忧所忧，后天下之乐而乐"这一句，赐给范文从。明代狂人李贽，一贯离经叛道，最恨道学伪善之辈，但对真正的仁人范仲淹却由衷地佩服，他曾说："范公何尝死也？宋亡，范公终不亡耳！"

是的，范仲淹的精神是不会死的，"先天下之忧所忧，后天下之乐而乐"的名句，为世人树立了景仰万世的高标。最后，借北宋名臣韩琦之语来评价范公的一生：

高文奇谋，大忠伟节；充塞宇宙，照耀日月。前不愧于古人，后可师于来者。

宋子京

▷ 宋祁（998－1061年），字子京，祖籍安州安陆（今湖北省安陆市），后移居开封府雍丘县（今河南商丘民权县）。北宋官员，著名文学家、史学家、词人。

▷ 宋祁与兄长宋庠并有文名，时称"二宋"。曾与欧阳修等合修《新唐书》，《新唐书》大部分为宋祁所作，前后长达十余年。诗词语言工丽，因《玉楼春》词中有"红杏枝头春意闹"句，世称"红杏尚书"。

宋祁的词传到今天的并不多，《全宋词》里只收了寥寥六首，但是他那句"红杏枝头春意闹"却广为人知，绿杨烟水里，红杏花雨间，这首词中的融融春意传荡千古。

宋祁本该是高中状元的，但倒霉的是，他和哥哥宋郊同年应试，本来主考官都拟好了他是头名，但章献太后刘娥却讲究起伦常辈分来，说什么弟弟的名次比哥哥强，不合情理。于是宋祁只好委屈地把状元让给了哥哥。

其实章献太后这样做法，大可不必。虽然古代讲究伦常，但是就连传皇位时，都有不传哥哥而传给弟弟的，比如唐玄宗李隆基就是第三子，他大哥李成器自知才干不如其弟，自动让位。这考状元，更不必擢其兄而抑其弟。要按宗法上那些旧规矩，刘娥本身就来路不正，她本是一位小银匠的妻子，受尚未登基的宋真宗宠爱，纳入房中，看来越是自身历史不清白的人，讲究忌讳的事却特别多。

虽然宋祁没获得状元的名分，但是大浪淘沙，时间是最好的试金石，当年并称一时的"二宋"，如今大家记得的只有宋祁一人。

最为文人们津津乐道的是宋子京燃巨烛、拥美姬修史的故事。话说宋祁功成名就后，主修《新唐书》。他命人点起两根橡木一般粗的红烛，身边侍立着美姬娇妾为他磨墨伸纸，宋祁心旷神怡之际，这才欣然命笔。而且宋祁有意敞开院门，让街衢上的百姓都能望见，大伙纷纷嚷着：快来看宋尚书修唐史啦！只见大堂上珠环翠绕中的小宋派头十足——"望之如神仙焉"。

这情景，不单当时的贩夫走卒们啧啧称羡，而且千年以降，后世的写手们依然垂涎不已。看人家宋祁在工作中娱乐，在娱乐中工作，写得多潇洒。有的人跪着挣钱，有人站着挣钱，小宋哪，偎香倚玉中玩着挣钱。

曹雪芹于蓬牖茅椽、绳床瓦灶间写成巨著《红楼梦》，大家固然十分敬佩，但是却有几个想当曹雪芹的？还是看了作家富豪榜上的名字就眼红心热，其实内心最羡慕宋祁这样的。不过，真正的好东西，往往是在郁闷和孤愤中写成的，要是像小宋这样子，不说别人，我反正稳不下神来，一个字也不想写了。

其实据《曲洧旧闻》记载，小宋在这样的情况下，也很容易分心。这一日是个大雪天，宋祁拥着巨炉，烧着炽热的炭火，身边当然还是姬妾环绕。他在澄心堂的名贵纸笺上草拟列传一则，写了半截，问身边的众姬妾："你们有的曾服侍过别的主人，有风雅如我者吗？"众姬妾说："从没见过。"

宋祁又问一个曾在党太尉家待过的歌姬："你家太尉遇此天气做什么呢？"这女子答道："我家主人只是晓得听歌看舞，吃涮羊肉，大醉方休，如何比得学士风雅！"宋祁点头笑道："其实那样也不错啊！"于是他也停笔不写，学起"低俗"的作风来，和众姬妾寻欢作乐，醉饮通宵。

据说，宋祁的哥哥宋郊为人谨厚，见他放纵无忌，就写了一封信劝他说："闻昨夜烧灯夜宴，穷极奢侈。不知记得某年上元，同在某州州学内吃斋煮饭时否？"——你这样铺张浪费，还记得那年我们元宵节时一起吃咸菜喝粥的苦日子吗？

宋祁笑书一纸答道："却须寄语相公，不知某年同在某处吃齑煮饭是为甚底？"——小宋说：哥哥你少劝我"忆苦思甜"了，我们当时过吃咸菜喝粥的日子不就是为了今天享福吗？

和范仲淹等高风亮节、克勤克俭的人比起来，宋祁确实够不上道德楷模的资格，不过话说回来，宋祁成名之后的享受，对广大寒窗学子们的鼓舞作用，却是范仲淹、宋郊这样的人没法比的。

我们现在宣传模范人物有个极大的毛病，一宣传往往是某某人做了一辈子好事，最后却遭遇到绝症缠身、车祸临头等厄运。人们说韩剧有三宝："癌症、车祸、治不好"，英雄模范们也大致不离此类结局。这样宣传法，如何有吸引力？

如果读了一辈子书，最后还是吃咸菜，那如何能体现"知识改变命运"？这里不是说宋祁花天酒地的作风值得学习，劝学诗常写："书中自有黄金屋"、"书中自有颜如玉"，是空话还是真事？小宋就是一个鲜活事例。当然，宋祁这种奢华的作风，也引起过朝臣们的非议。仁宗派宋祁到四川去当官，有人就反对说："蜀风奢侈，祁喜游宴，恐非所宜。"现在也有"少不入川，老不离蜀"的俗话，就是说四川那个地方太适合享受了，让宋祁这样的人去那里，可是老鼠进了米缸了。

果然，宋祁到了四川后，就被人弹劾，说他"奢侈过度"，但皇帝也没有治他的罪。因为北宋当时的高官普遍花天酒地，也不算什么大问题。不过铁面包青天包拯十分看不惯宋祁，当然历史上的包公并无直接将宋祁按到虎头铡边的权力，但他上书给皇帝，说宋祁这人生活糜烂，品行不正，不可委以重任，所以宋祁终生没有当过品级很高的官，其兄却能官居宰相。

　　宋祁生性风流，家里姬妾众多，虽然享尽艳福，但群雌粥粥，难免有互相"啄喙"的情况。宋祁不免时常多处"救火"、四面周旋，谁也不敢得罪，有时也很为难。

　　据《东轩笔录》载：宋祁出任成都时，有一天在锦江上饮宴，夜半后觉得有些冷，就派仆人回家拿半臂（短袖上衣），众妻妾纷纷捧出自己房里的衣服，仆人不敢做主，于是统统拿给宋祁，共有十余件，宋祁看了，也拿不定主意，反复权衡了一下，要穿只能穿一件，只讨好了一个姬妾，但其他的姬妾肯定不答应，都要吃醋生事。罢了，罢了！"冻了我一个，幸福众妻妾"，于是宋祁谁的也没敢穿，忍冻回家。也不知有没有冻感冒。

　　看来这红粉知己多了，也麻烦。当然了，指不准人家宋祁乐在其中，这些都是"甜蜜的负担"哪。这不，色胆包天的宋祁居然又泡上一个皇宫中的宫女。

　　《词林记事》中说：宋祁有一次在街上遇到宫中的车马，车内有个宫女揭开车帘，娇声低语道："小宋也！"随即车子便匆匆远去。宋祁是多情之人，心旌摇荡，遂赋《鹧鸪天》云：

　　画毂雕鞍狭路逢，一声肠断绣帘中。身无彩凤双飞翼，心有灵犀一点通。

　　金作屋，玉为笼，车如流水马游龙。刘郎已恨蓬山远，更隔蓬山几万重。

　　不久，这首词传唱开来，直达宫禁内，连仁宗皇帝都听到了。仁宗把众宫女召集来，问是谁在路上招呼了"小宋"，有个宫女战战兢兢地回禀道："我曾于御前侍宴，见到小宋学士，那天在车中突然见到，就失口叫了一声，并无他意。"仁宗后来又召见宋祁，问及此事，宋祁惊得汗出如浆，伏地请罪。仁宗却笑道："蓬山不远。"说罢，竟将宫女赐给了宋祁。

说起来，宋朝的文人就是幸福啊，在朱元璋时代，御史张尚礼写了首《宫怨》诗说："庭院深深昼漏清，闭门春草共愁生。梦中正得君王宠，却被黄鹂叫一声。"这明显是模仿唐诗"啼时惊妾梦，不得到辽西"而来，哪知却惹得重八哥大发雷霆，"以其能摹图宫阃心事"——我宫里美女的事轮得到你小子瞎猜思？遂"下蚕室死"——张尚礼被阉割后死去。

写首《宫怨》诗就有这样的"待遇"，宋祁这样公然勾搭宫女的，放洪武年间，十有八九要受凌迟极刑。然而只因他生在宋代，不但免于"刑事处分"，还能赚个美女。曾有人打趣，总结了官场"四大错"："装错兜，骂错娘，站错队，上错床"，然而，生错时代，更是致命的错误。正所谓："使李将军遇高皇帝，万户侯岂足道哉！"

宋祁的文章喜欢求新求怪，往往用一些晦涩生僻的词句，因此一起主修《新唐书》的欧阳修，就曾以半开玩笑的方式提醒过宋祁。有一天欧阳修知道宋祁要来，故意在家门上写了"宵寐非祯，札闼洪休"八个大字，宋祁看后，想了半晌，才领会出是"夜梦不祥，题门大吉"的意思。联想到自己最喜欢在史书中写些佶屈聱牙的句子，才恍然悟出欧阳修是在委婉地提醒自己。

现在我翻看宋祁所撰的《新唐书·文艺列传》，还不时领教到这位"红杏尚书"布下的"地雷"，有不少的"拦路虎"在等着哪。比如说高祖太宗时的诗风是"绮句绘章，揣合低昂"，又说中唐时大历年间"美才辈出、擩哜道真"，这其中什么"绮句"啦、"擩哜"啦，都难懂得很，作为史书中的文字，实在不合适。

我读司马温公的《资治通鉴》，倍觉通透酣畅，而读宋尚书的文章，却感到如同"衣败絮行荆棘中"，步步艰难。我觉得宋祁不适合编史书，适合出考题，难死那些古汉语类的硕士和博士们。

宋祁的词，流传到今天的不多，除了给他博来"红杏尚书"美名的那首《玉楼春》外，这一首也不错：

蝶恋花　情景

绣幕茫茫罗帐卷。春睡腾腾，困入娇波慢。
隐隐枕痕留玉脸，腻云斜溜钗头燕。
远梦无端欢又散。泪落胭脂，界破蜂黄浅。
整了翠鬟匀了面，芳心一寸情何限。

按说小宋整天在温柔乡中打滚，应该有很多写这一类花间婉约词的生活体验，难道小宋在珠环翠绕之间，不写几首艳词让众姬妾唱来听听？但是他的词作可能佚失太多，所以到现在，这首甜软典丽的词，在小宋集中，却算得上是"鲁殿灵光"了。

这一首《浪淘沙近》，写得也极佳。境界上更高远开阔一些，和晏殊的风格有些近似，都是在感伤良辰美宴，终有一散的惆怅：

少年不管，流光如箭。因循不觉韶光换。

至如今，始惜月满、花满、酒满。

扁舟欲解垂杨岸，尚同欢宴。日斜歌阕将分散。

倚兰桡，望水远、天远、人远。

宋祁的诗倒是收了满满的一集，其实古人重视诗，轻视词。诗往往算成自己的著作倍加珍视，而词不过是文字游戏，随写随丢。北宋初年有个叫钱惟演的文人说过："平生惟好读书，坐则读经史，卧则读小说，上厕则阅小辞"——经史要正襟危坐着读，小说类可以躺着欣赏，词嘛，上厕所时看一看。对词的不尊重，以至此。

晏殊一直冷淡欧阳修，欧阳修也对晏殊不客气地说："公小词最佳，诗次之，文更下之。"他说晏殊大人您的词写得最好，比诗和文章都好，现在我们觉得没什么，但在当时却是似褒实讽的尖刻讽刺。

不过宋诗远不如宋词，也不如唐诗，这是大势所趋。宋祁的诗也少为人知，我试从他的集中淘出两首，觉得尚可一读，大家共赏一下：

柳花

休夸濯濯映高楼，枝里征花自不收。回雪有风尝借舞，落梅无笛可供愁。

白门暝早随鸦背，京兆情多拂马头。莫惜馀温添翠被，有人凝绝在孤舟。

湖上

萧萧露白兼葭老，索索风干杨柳疏。坐见渔舟归浦尽，小篷明灭上灯初。

花天酒地一辈子的宋祁到了晚年，却在《治戒》中叮嘱家人，给他办丧事时，"惟简惟俭，无以金铜杂物置冢中"，棺木不要好木料，杂木就行，墓室也不用修得太阔气，其他如俑偶、石兽等一概不要。其实，人家宋祁倒是聪明人，正所谓："人生有酒须当醉，一滴何曾到九泉？"

宋祁自称"学不名家，文章仅及中人"，虽然有点谦逊，但也是客观事实，在宋代文坛中，宋祁确实算不上一流的人物。但宋祁像很多北宋初年的文人一样，度过了幸福安稳的一生，其间虽略有贬谪，却都是小波澜，没有大起落。宋祁没有苏轼那样第一流的才气，也没有苏轼远远流放到天涯海角的磨难。所谓"岁月静好，现世安稳"，宋祁倒是称得上。

就这样，也很好。

欧阳修

▷欧阳修（1007－1072年），字永叔，号醉翁、六一居士，吉州永丰（今江西省吉安市永丰县）人，北宋政治家、文学家，谥号文忠，世称欧阳文忠公，"唐宋八大家"之一。

▷欧阳修是宋代文学史上最早的文坛领袖，他领导了北宋诗文革新运动，继承并发展了韩愈的古文理论，从而开创了一代文风。欧阳修在变革文风的同时，也对诗风、词风进行了革新。在史学方面，也有较高成就，主修了《新唐书》，并独撰《新五代史》。

提起欧阳修，问起几个朋友对他的印象，多数答：是个擅写文章的衰老头儿。我说人家欧阳修也不能一生下来就是衰老头吧？朋友说，也是，但是我记忆中他就是这形象。

也难怪，最初欧阳修在我心中，也是鬓发如霜、正襟危坐的名宿大儒。这样的感觉，大概来源于他那两篇广为人知的文章——《醉翁亭记》和《秋声赋》。其中欧阳修自称"苍颜白发，颓然乎其间者，太守醉也"，又说"渥然丹者为槁木，黟然黑者为星星。奈何以非金石之质，欲与草木而争荣"，前者足见其为"翁"，后者足见其"衰"，两者加起来，不就是个十足的衰翁形象嘛。

另外，欧阳修确实还自称过是"衰翁"——"行乐直须年少，樽前看取衰翁"。苏轼也常说"十年不见老仙翁"之类的，不过，苏轼比欧阳修小三十多岁，等他长大成人后，一见面，欧阳修就是老头啦。可谓"君生我未生，我生君已老"……说得口滑，偏题了。

文章太守，挥毫万字，一饮千钟

欧阳修在北宋文坛绝对称得上是领袖人物，"唐宋八大家"中宋代的三苏、曾巩、王安石，都可以算做是欧阳修的门生。旧时奉为古文典范的除了韩愈，就是欧阳修。受朝廷任命，欧阳修主修了《新唐书》，其实要按以往的习惯，《新唐书》的作者，只署欧阳修一人名字就可以了，但是欧阳修为人宽厚，他说人家小宋（宋祁）也花了不少功夫，做了不少工作嘛，于是就署了两人的名字，这在二十四史中绝无仅有。写完这本后，欧阳修又自发地写了《新五代史》。

修史书这样的活儿，可不是轻松事，足够消耗一个人大半生的精力。梅尧臣听说要派他修《新唐书》，就嫌麻烦，认为让这件事绊住手脚后，就再也做不成别的事了，于是哀叹道："吾今可谓猢狲入布袋。"但欧阳修确实当得上"才华横溢"这四字，欧阳修手中的这支笔，实在是妙笔生花，无论是诗、文、词、赋，都写得洋洋洒洒，灿然可观。

像《醉翁亭记》，中学时语文课上学过，于是我就一直搁置在一边，以为这文章我看过了，甚至还背了个差不多。但是现在我重新找回来一看，当年那算"看过"吗？那时哪能体会到欧阳公这篇妙文中的滋味？看多了生涩板滞的干枯文字，看多了雕花堆叶的空洞文字，才觉得这篇文字有骈有散，气韵贯通，如山间溪泉一样清新流畅，端的是绝妙好文。

有这样一个小故事，说欧阳修在翰林院时，见到有匹飞马踏死了路上的一条狗。大家就试着用文字记述一下这件事。一人写"有犬卧于通衢，逸马蹄而杀之"，又一人说"有犬卧于通衢，卧犬遭之而毙"。欧阳修说："你们叙事这样繁冗，修史书的话，岂不是一万卷也写不完。"然后，他提笔只写了六个字"逸马杀犬于道"。二人听了，大为叹服，击掌而笑。受欧阳修提倡简洁文风的影响，《新唐书》中的文字以简练著称，很有特色。

我们翻开《古文观止》，欧文的数量有十多篇，分量非常重。其中多半是那些在朝堂上琅琅而读的政论文，那些文字在旧时是非常有用的，因为读书人做官后，写奏折、表章什么的，最是用得着。但是我们现在就没什么用处了。其实欧阳修的文章，风格百变，就像武学大宗师洪七公，不仅会使降龙十八掌，也会使"燕双飞"这样灵动伶俐的拳法。

我们看欧阳修的《荷花赋》，这一篇写得清丽之极，妩媚之极，可能倒帖切现在小资女孩们的欣赏口味，试摘一些字句来品味一下：

迫而视之，靓若星妃临水而脉脉盈盈；远而望之，杳如峡女行云而朝朝暮暮。其妖丽也，其闲丽也。香荃桡兮木兰舟，澹容与兴兮恨夷犹。东西随叶隐，上下逐波浮。已见双鱼能比目，应笑鸳鸯会白头。昔闻妃子贵东邻，池上金花不染尘。空留此日田田叶，不见当时步步人。

欧阳修兴趣广泛，除了写各类文章外，还有笔记体的《归田录》，咱学过的《卖油翁》那一篇就是选自这本书中的。书中还记载了当时的种种趣闻轶事，比如"盛肥丁瘦，梅香窦臭"：说当时的朝臣丁谓长得身小体瘦，脸如刀削；盛度却是身宽体胖，肚大腰圆。以至胖得起草诏书时弯不下腰，皇上只好命人给他找来一张高大点的桌子。大臣梅询性喜清洁，常熏得满身香气。而另一位叫窦元宾的却不修边幅，长年不洗澡，身上臭味难闻……

像这样好玩的故事，《归田录》中有不少哪，不能一一列举，这里给欧阳公打个广告，大家有暇时去翻翻这本书吧。

　　另外，欧阳修是第一个写诗话的人，虽然之前也有类似的文字，如中唐皎然写的《诗式》及晚唐司空图的《二十四诗品》，但是最早以诗话这种面目出现的，则是这本《六一诗话》。

　　再有，欧阳修是第一个写金石学专著的人，因为他主修唐书嘛，得以观览皇家所藏的种种珍贵文物及图书资料，所以就在工作之余，细心地将周、汉以来青铜器上的铭文、石器上的碑文及拓片等，加以辨析整理出金石遗文上千卷，撰写成我国第一部金石学专著——《集古录》。此外，他还留意各种稀罕玩意儿，比如日本的武士刀什么的，这在他的诗《日本刀歌》中有所反映。

　　所以，如果欧阳公能穿越到今天，央视《百家讲坛》栏目请他讲一讲是再恰当不错的了，以他主修《新唐书》《新五代史》的功力，肯定不输于易中天、王立群；而聊聊《六一诗话》，又抢了讲诗词的康震饭碗；讲古董的话，《集古录》中那些东西，绝对上档次。虽然说不到青花瓷什么的（那是元朝后），但马未都先生肯定也得心悦诚服地让出几档节目来吧。

　　这样的博学多产，在当时确实称得上"超然独骛，众莫能及"，也只有后来的苏轼才有一比，不过苏轼虽然才高，但文字风格总是豪迈爽朗一路的，正所谓"六一婉丽，实妙于苏"。

　　欧阳修文备众体，风格也是多姿多彩。苏轼曾夸赞欧阳修的文字"论大道似韩愈，论本似陆贽，纪事似司马迁，诗赋似李白"，虽然有对座师的推崇和客气，但也不全是溢美之词。

一曲能教肠寸结

欧阳修的词作风格多样，集豪放婉约于一身。前人曾夸赞道："疏隽开子瞻，深婉开少游。"确实，像"白发戴花君莫笑，六幺催拍盏频传，人生何处似尊前"这样的词句，首开豪放豁达之风，虽然后来苏轼、黄庭坚等都写了不少风格类似的词，比如黄庭坚就写过"黄菊枝头生晓寒，人生莫放酒杯干。风前横笛斜吹雨，醉里簪花倒著冠"这样的词句，但还是那句话，你在欧阳修之前找一首这样的词看看，有吗？

也就是说，欧阳修是苏、黄这一派的前驱者，是豪放词风的首创者。这就是所谓"疏隽开子瞻"。当然，深情婉媚这一路词风，早已有之，自花间词开始，就不乏端丽之极的词句。但是，欧阳修笔下贡献出的妩媚词句，也绝对称得上繁花如锦、美不胜收。

像李清照那首著名的《声声慢》，其中的"守着窗儿，独自怎生得黑？梧桐更兼细雨，到黄昏，点点滴滴"这样的句子，也能从欧阳修的集子中找出痕迹："窗在梧桐叶底，更黄昏雨细。枕前前事上心来，独自个，怎生睡。"（《一落索》）

欧阳修的婉约小词，清丽处不输于晏殊，婉媚处不次于柳永。有些时候，我们忆起那些耳熟能详的好词句，竟然忘了它们是出自欧阳修之手，有时虽然记起欧阳修这个名字，也难以和那个朝堂上高诵《朋党论》的重臣、山林间白发苍苍的醉翁、琴棋诗酒间自得其乐的"六一居士"联系在一起。

记得"人生自是有情痴，此恨不关风与月"吗？记得"庭院深深深几许"吗？记得"青梅如豆柳如眉，日长蝴蝶飞"吗？这些琼瑶小说中经常引用的佳句，都是从欧阳修的笔下流出来的。顺便说一下，金庸先生的《神雕侠侣》一书，开篇那首"越女采莲秋水畔……"，也是出于欧阳修之手。

欧阳修的婉约词，我最喜欢这一首：

诉衷情

清晨帘幕卷轻霜，呵手试梅妆。都缘自有离恨，故画作远山长。
思往事，惜流芳，易成伤。拟歌先敛，欲笑还颦，最断人肠。

这简直就是一轴色调清丽，风格娟秀的工笔仕女图，而其中那悲喜交融、婉转于眉间眼底的无限心意，又绝非图画可传，只有词句能道。

像这类的婉约词，欧阳公集中有好多，再找出十首八首来也不困难。而且，古人情意绵绵的词虽多，但多半是写离思别恨，读来让人情丝凄迷、心绪黯淡。所谓"欢愉之词难工，愁苦之言易巧"，但欧阳公却有一阕写新婚夫妇"柔情蜜意满人间"的好词：

南歌子

凤髻金泥带，龙纹玉掌梳。走来窗下笑相扶，爱道画眉深浅入时无？
弄笔偎人久，描花试手初。等闲妨了绣功夫，笑问鸳鸯两字怎生书？

　　这一首词，写新娘子紧偎老公的娇昵之态，传神入骨，而且整首词都洋溢着温馨甜蜜的感觉，这样的意境搜遍古人集子，也不可多得。所以，如果书法好的朋友写了赠给新婚宴尔的朋友，是再合适不过的。

　　笔者有一位朋友，写了一幅立轴想送一对新婚夫妇，我一看，上面写的是什么"赌书消得泼茶香"之类的，忙劝他改写别的。他说"赌书泼茶"不是李清照和赵明诚吗？也是一对恩爱夫妻啊？我说，恩爱夫妻是不假，但李清照和赵明诚也没有白头到老，而且更"要命"的是，这一句，是纳兰容若用来悼念亡妻的。朋友说，那写什么好？我就力荐欧阳公这首词，这里面的意境，可谓和和美美，喜乐融融，温天暖地，绝对没错。

　　欧阳修有些小词，写得深情缱绻，婉娈万状，动人心魄，较于柳永的"艳词"，遑不多让，如：

夜行船

一

闲把鸳衾横枕。损眉尖、泪痕红沁。

花时良夜不归来，忍频听、漏移清禁。

一饷无言都未寝。忆当初、是谁先恁。

及至如今，教人成病，风流万般徒甚。

二

> 轻捧香腮低枕。眼波媚、向人相浸。
>
> 佯娇佯醉索如今，这风情、怎教人禁。
>
> 却与和衣推未寝。低声地、告人休恁。
>
> 月夕花朝，不成虚过。芳年嫁君徒甚。

这其中的柔媚风情，床笫私语，可谓软甜入骨，虽然没有露骨的淫亵，但用现代的词来讲，也算得上"软色情"，呵呵。

细翻之下，你会发现，欧阳修词集中"很柳永"的句子还真不少，像"梦里似偎人睡，肌肤依旧骨香腻。觉来但堆鸳被"；"深画眉，浅画眉，蝉鬓鬅鬙云满衣，阳台行雨回"；"玉人共处双鸳枕，和娇困、睡朦胧。起来意懒含羞态，汗香融。素裙腰，映酥胸"……

有人翻"艳词"，就只奔柳永、小晏、秦观他们的集子去，其实欧阳修集中"好东西"并不比那几位少。但因为欧阳修是一代文宗，却写出这样的词，这在观念越来越迂腐的后世，实在令人觉得骇异。正像有些人为了"维护"李清照和朱淑真这两位名门闺秀中的才女，就把"眼波才动被人猜"、"人约黄昏后"这样风情遏张的词句，说成是伪作一样，很多老儒们也极力"维护"欧阳修的名声，他们也说这些词"乃小人或作艳曲，谬为公词"。

意思是说，这些词是一些小人为了败坏欧阳修的名声而写的。这一点，我是不认可的。北宋之时，写一些艳词，并不算丢人的事情。而且，就算真有"小人"用这样的手段，他们有这样的才气吗？

这让我想起小说《倚天屠龙记》中的一个片断，少林寺中降龙罗汉佛像上发现了一张号称是"昆仑三圣"下的挑战书，郭襄怀疑有内奸，猜测："说不定寺中有谁跟他们勾结了，偷偷放上这样一张字条，也没什么稀奇。"但少林寺高僧却说："这事我们也想过了，可是决计不会。降龙罗汉的手指离地有三丈多高，平时扫除佛身上灰尘，必须搭起高架。有人能跃到这般高处，轻功之佳，实所罕有。寺中纵有叛徒，料来也不会有这样好的功夫。"

虽说这是小说情节，但文武之道相通相似，就算有小人想拟造"艳词"来中伤欧阳修，他们也写不出如此高的水平。我们看欧阳修这些婉媚的词，虽是卿卿我我、胶漆缠绵，但遣词用字，无不精工传神，以词艺论，别说是北宋当时，就是放在古今词坛上，能写出这样绝妙的语句来的，也不超过十个人。这岂是无赖小人们能办到的？

水精双枕，旁有坠钗横

有时候，我觉得，如果欧阳修不是生活在宋代，不是登科入仕这样顺利的话，他肯定会是文学史上的又一位风流才子。他的性格不像王安石、司马光那样能"严于律己"，而是有放纵的因子不时在他的心中活跃着。

《拊掌录》记载了这样一件事：欧阳修和人一起行酒令，要求每人各作诗两句，描写够得上重罪的行止。一人说"持刀哄寡妇，下海劫人船"，更有人说"月黑杀人夜，风高放火天"。而轮到欧阳修时，他笑着说："酒粘衫袖重，花压帽檐偏。"别人不服，说你这令该罚，你说的这叫犯罪吗？欧阳修却辩解说："当此时此景，醉胆色胆包天，那什么罪也敢犯了。"

由此看来，欧阳修并非是古板木讷的那种腐儒。尤其是面对花丛脂粉，难以做到美色当前不动心。所以欧阳修有着不少的绯闻。

钱惟演在洛阳当地方官时，欧阳修才25岁，刚刚进士及第后"分配工作"，在其手下做推官。钱领导为人和气，喜爱文人才士，于是欧阳修和尹师鲁、梅尧臣等一起饮酒赋诗，玩得不亦乐乎。以至钱惟演要开会时，这些人还都在山里饮酒呢，不得不派人拿了书简匆忙去召集。

现在看来，欧阳修等有点不务正业，但他们却写了不少好文章，像《洛阳牡丹记》等都是出于此时。血气方刚的欧阳修，不免爱上一名歌妓。有一天，钱惟演在后园宴乐，宾客齐集，惟欧阳修和这个歌妓姗姗来迟。大家纷纷侧目，钱惟演不好责问欧阳修，就诘问这名歌妓："为何来迟？"歌妓推说："天气太热，在凉堂不觉睡着，醒来找不到我的金钗了，因此耽误了时辰。"

钱惟演心下猜道，两人十有八九偷偷做什么事去了，他为人厚道，也没继续追问欧阳修为什么也迟到。这等风流公案，何必认真。于是就说："如果欧阳推官能帮你写一首词，我就替你偿一支金钗。"欧阳修一听，乐得从命，就写了这首《临江仙》：

柳外轻雷池上雨，雨声滴碎荷声。小楼西角断虹明。
阑干倚处，待得月华生。

燕子飞来窥画栋，玉钩垂下帘旌。凉波不动簟纹平。

水精双枕，旁有堕钗横。

此词唱罢，众宾客都击节叹赏。钱惟演叫人从公款中支钱，给这个歌妓买了一支金钗（老钱腐败啊），并让她向欧阳修敬了一大杯酒。最后这两句，其实是从李商隐的诗意中借来的："小亭闲眠微醉消，石榴海柏枝相交。水纹簟上琥珀枕，旁有坠钗双翠翘。"

所以说，读书多了就是好吧，想遮掩，何必要一床锦被？一首好词就演成风流佳话。

如果只是耽于妓乐，在当时也算不上什么太出格的事情。而欧阳修有两件让人瞪目结舌的大花边新闻——"盗甥"和"盗媳"。

关于盗甥一案，原委是如此这般：

欧阳修有个妹妹嫁给张龟年作续弦，张龟年虽然听名字不错，像是能活个千年万年的样子，但名不符实，早早死去。他有个女儿，是前妻生的。欧阳妹妹没了男人，失了依靠，只好带着这个女孩儿来到欧阳修家住着。

到了后来，大概是欧阳修做主，将她嫁给了欧阳修的堂侄欧阳晟。岂知这个女子生性放荡，竟和欧阳晟的家仆私通。奸情败露后，开封府抓她审问时，她居然在供词中说，她早年未嫁时，欧阳修就和她有不正常的关系——"张惧罪，且图自解免，其语皆引公未嫁时事，语多丑异。"（王铚《默记》）

此事一时传得沸沸扬扬，成为朝廷中的爆炸性新闻。欧阳修上疏给皇帝辩解说，其妹携张氏孤女来家时，仅有十岁。但欧阳修因为大力支持"庆历新政"，朝中政敌极多，中书舍人钱勰早就对欧阳修恨得咬牙切齿，见有这样的好机会，马上跳出来，指证说，欧阳修写有一首《望江南》词：

江南柳，叶小未成阴。人为丝轻那忍折，莺怜枝嫩不胜吟。留取待春深。

十四五，闲抱琵琶寻。堂上簸钱堂下走，恁时相见已留心。何况到如今。

让钱勰一分析，这首词字字句句都是在写欧阳修对张氏幼女的"萝莉控"情结。他对欧阳修冷笑道："十岁，不正是学簸钱（孩童掷钱为乐的游戏）之时吗？"你早就对她留上心了，这词中白纸黑字，全写着哪。

据说，金庸先生对《射雕英雄传》进行了修改，增加了黄药师暗恋梅超风的情节。书中写黄药师一遍遍地抄录欧阳修的这首《望江南》，隐喻自己对这个女徒儿的逾礼之恋。那时的梅超风，也刚好是十四五岁的豆蔻年华。黄药师和欧阳修，一个是天下武学宗师，一个是天下文坛领袖，身份倒也相当。这首词用在这里，也算是十分的切题切景。然而，却说明了这样一个问题，就是在金庸先生的心中，欧阳修"盗甥"这件事是可信的。起码欧阳修是对这个张氏小女动过心念的。

这等床帷私密之事，如果不是抓到现场，实在难以查证。好在当时皇帝也比较偏爱欧阳修，没有细细追究。案情在"上级意见"的指引下，居然最后变成欧阳修私用张氏家产，由"偷人"变成"偷钱"了，欧阳修于是被贬到滁州，这才有《醉翁亭记》一文。

　　而"盗媳"一事，发生在欧阳修重新回朝当政后，有一个叫蒋之奇的人，本来还是欧阳修推荐他当了御史（相当现在中纪委）的职位。但他为了投靠势力更大的旧党，就上书弹劾欧阳修和自己的儿媳吴春燕有奸情。他的消息来自哪里呢？据说是欧阳修夫人薛氏的弟弟薛宗孺说的。并举出一首词为证：

醉蓬莱

见羞容敛翠，嫩脸匀红，素腰袅娜。红药阑边，恼不教伊过。
半掩娇羞，语声低颤，问道有人知么。强整罗裙，偷回波眼，佯行佯坐。
更问假如，事还成后，乱了云鬟，被娘猜破。我且归家，你而今休呵。
更为娘行，有些针线，诮未曾收啰。却待更阑，庭花影下，重来则个。

　　但这首词，虽然词句暧昧，但不像是老公爹和儿媳妇偷情的场景，倒是像《西厢记》《牡丹亭》中那样的，写一个未嫁女子和少年密会幽欢的记述。这场闹剧，似乎是证据不足，但是当时换了年轻气盛的神宗皇帝，一听之下，怒不可遏，竟然想斩了欧阳修。多亏有大臣良言劝解，才回过味来，渐渐平息了怒气。

　　欧阳修被传言弄得很是狼狈，于是再三上表章澄清事实。吴氏的父亲是盐铁副使吴充，也是朝中大臣，他也上表斥责蒋之奇诬谤吴家闺女的清白。一时沸沸扬扬，众口喧喧，吵个不休。但前面说过，"奸情"这样的事，不是当场捉奸在床，实在无法查证。其实这事就成了双方政治势力的较力，考虑到欧阳修和吴家的名声，神宗把蒋之奇贬出朝廷，让他到南方收酒税去了。但欧阳修也被弄得灰头土脸，无颜在朝堂上混了，于是自己请求外放到亳州（古井贡酒产地）当太守去了。

欧阳修此时已是61岁，白发萧萧的他，离开了京师，也离开了北宋的政治中枢。后来的欧阳修，虽然待遇并不差，职位也没被贬削，但他心灰意懒，自号六一居士——他自己的解释是："吾《集古录》一千卷，藏书一万卷，有琴一张，有棋一局，而常置酒一壶，吾老于其间，是为六一。"

语句间，貌似潇洒适意，却透着几多孤单和落寞。

66岁时，欧阳修去世，谥号文忠。虽然欧阳修有这样几出耸人听闻的传言，但并未影响后世人对他的崇敬。有这样一个小故事可以说明人们对欧阳修的景仰之情：

扬州有个叫平山堂的地方，欧阳修当太守时曾经在那里栽过一株柳树，后来人们就把这棵柳树保护起来，称为"欧公柳"。后来有个叫薛嗣昌的继任太守，这厮不知天高地厚，竟然在"欧公柳"旁也种了一棵，自称为"薛公柳"。人们听了纷纷嗤之以鼻。等这家伙一调任，大家立刻将所谓的"薛公柳"砍了送进炉灶当柴烧了。

正所谓"文章乃经国之大业，不朽之盛事"。欧阳公堪称一代文宗，后人心中自有称量。

司马光

▷ 司马光（1019－1086年），字君实，号迂叟。陕州夏县（今山西夏县）

涑水乡人，世称涑水先生。北宋政治家、史学家、文学家。

▷ 他主持编纂了中国历史上第一部编年体通史《资治通鉴》。一生主要

精力用在修史和从政上，所存诗词不多，但诗作、词作均是平淡闲远，

抒发真性情、真自我的诗歌。司马光做事用功刻苦、勤奋，以"日力不

足，继之以夜"自勉，其人格堪称儒学教化下的典范，历来受人景仰。

　　说起司马光，笔者每每为之不平。司马光在北宋文人中，实在是个很了不起的人，绝对是重量级人物。然而，司马光却每每被边缘化了，排"唐宋八大家"时，连"二流明星"曾巩都榜上有名，司马光却被排斥在外，实在太不公平！虽然借"司马光砸缸"的故事，在小朋友们的群体中，有一定的知名度。但如果只是在幼儿园中享有大名，那和"喜羊羊"有什么区别？

　　还有一件委屈事，就是现在流行的书中，"海选"起"宋代词人"，又往往把司马光给筛选掉。这是因为司马光平生写词很少，传世只有三首而已。

　　然而，且不说司马光留下的好诗好文，凭那一部积 19 年之功而成的《资治通鉴》，他就足以傲视古今文坛，令后人仰慕。我在写全唐诗背后的唐朝历史，还有全唐诗中的大唐女子时，《资治通鉴》常伴我在枕边案头，其中翔实流畅的文字令我叹服。虽然远隔千年，但从中受益良多，于是对司马温公格外多一份亲切和崇敬。

　　其实，不单是我，如今写宋代以前历史的写手们，哪个不参考《资治通鉴》？哪一个研究中国历来政坛阴谋阳谋的人不对这本书下功夫？清代学者王鸣盛说的这句话一点也不过分："此天地间必不可无之书，亦学者必不可不读之书。"

　　不过很惭愧，坦白地说，我现在也只是通读了《资治通鉴》中的唐史部分，对于其他部分，还没有细读过。

有情何似无情

司马光平生很少写词，更不作艳词，这首唯一有些绮筵香风味道的
《西江月》，却广为传唱，耐人回味：

> 宝髻松松挽就，铅华淡淡妆成。青烟翠雾罩轻盈，飞絮游丝无定。
> 相见争如不见，有情何似无情。笙歌散后酒初醒，深院月斜人静。

"相见争如不见，有情何似无情"，这一句意味深长，不禁让人想起
这样一段由网络流行语改编成的歌词：

> 最好不相见，便可不相恋。最好不相知，便可不相思。
> 最好不相伴，便可不相欠。最好不相惜，便可不相忆。
> 最好不相爱，便可不相弃。最好不相对，便可不相会。
> 最好不相误，便可不相负。最好不相许，便可不相续。

> 但曾相见便相知，相见何如不见时。
> 安得与君相决绝，免教生死作相思……

　　这首歌曾作为 2010 年岁末时的贺岁大片《非诚勿扰 2》的片尾曲，风靡全国。有人评说："经历千转百回后的大彻大悟，更是求不得、留不得、舍不得的爱别离。与时下卿卿我我无病呻吟的流行情歌相比，这首词无疑给听者的震撼无异于地震。"

　　而最给力的歌词部分，其思想据说是源自六世达赖喇嘛仓央嘉措的诗句。不过我觉得，此中的含意，早就被我们的司马光浓缩在这一句"相见争如不见"中了。

　　唉，一句"相见争如不见"，用张爱玲的话就是"炸断了多少故事的尾巴"，如果张生不见莺莺，许仙不见白蛇，他们可能不会有后来的痛苦，当然也没有了曾经的幸福。

　　这一句，司马光说到了，也做到了。于是他成为一个古今罕见绝无绯闻传世的正人君子。这首词，貌似艳词，其实却正是其持身高洁的佐证。美女当前，男人哪有不动心的？但"发乎情，止于礼"，动心却不动手，这就是意志战胜欲念的力量了。

　　司马光于女色上的"保守"，在北宋时是相当罕见的。古代男人打着"为嗣不为色"的名义，正儿八经地娶很多老婆。前面说过宋祁"半臂怜姬"的故事，宋祁是风流才子，咱不说他，可就连铁面包青天，也有小妾在室。

　　而且，司马光所娶的夫人，一直没有生育。一转眼，司马光都三十多岁了，放现在，30 岁没结婚的还有的是。在古时，这个年纪还没有子女，那是很令人着急的。不过司马光却一点不急，他不急，夫人却急了，按古时的观念，自己如果不能生育，又不让丈夫纳妾，令夫家绝嗣，那可是很"不道德"的行为。

于是夫人物色了一个妙龄美女，预备给司马光当妾。哪知道，司马光对这个美女不理不睬，看也不看一眼。夫人以为是司马光守着她不好意思"下手"，于是借机约"闺蜜"出去赏花，让这个美女端着茶给书院中埋头写字的司马光送去，借机搭讪。

这"递茶递水"，在古时大有名堂，我们看《红楼梦》中，丫头宝蟾和薛蟠"联络感情"，就是从这个方式开始。第八十回说："薛蟠晚间微醺，又命宝蟾倒茶来吃。薛蟠接碗时，故意捏她的手，宝蟾又乔装躲闪……"惹得薛蟠大老婆夏金桂用 PH 值极低的语调说："两个人腔调儿都够使了，别打谅谁是傻子……"所谓"风流茶说合，酒是色媒人"。

但这位美女在司马光处却碰了一鼻子灰，她娇滴滴地端着茶过去时，司马光却一拂袖子，呵斥道："夫人不在家，你不去服侍夫人，来这里做什么？"把这个美女赶了出去。事情传开，人们纷纷当作轶事奇谈。

还有一则故事说，后来其夫人又偷偷买来一个漂亮的小妾，但是司马光一直扎在书房里，根本不加理会。这个小妾只好自己打扮得花枝招展，走进满架书卷的书房去和司马光搭讪。她没话找话，取下一本书问："中丞大人，此是何书？"司马光板着脸拱手而答："此是《尚书》。"小妾见他面如严霜，一副拒人千里之外的样子，只好黯然离去。碰上司马光这样的"爱情绝缘体"，实在是让人无可奈何。

看到这里，有的女孩子认为，在男人婚外情防不胜防的今天，要是能找到司马光这样的人实在太幸福了。不过，针无两利，司马光在女色方面律己极严，但不免有时缺乏情趣。《轩渠录》中说，在洛阳时，有一年过元宵节，夫人要出去看花灯，司马光不高兴地说"家里也有灯，何必到外面看"，夫人噘起嘴说"人家还想看看热闹，看看人"，司马光说："看人，难道我不是人？我是鬼吗？"

司马光于是终生没有儿子，后来过继侄子司马康为义子，也没有姬妾侍女什么的陪伴。他的夫人亡故后，自己一个人徘徊在洛阳的独乐园中，终日读书著书，把精力都消耗在《资治通鉴》这本巨著中了。然而，人非草木，司马光有时也倍感孤独，他曾郁郁不乐地在屋梁上写下这样一联："暂来还似客，归去不成家"。

是啊，偌大一个园子，宾客散去后，连鸟鹊也在夕阳中宿巢，司马光孤零零的一个人，顿时感到无尽的寂寞，这是他的家吗？没有亲人促膝而坐，对灯相语，这是家吗？

不负明君有朴忠

司马光在《初到洛中怀》一诗中曾写道："所存旧业惟清白，不负明君有朴忠。"确实，司马光是一个德操完备，在当时就倍受景仰的人。所谓："儿童诵君实，走卒知司马。"《言行龟鉴》中赞道："公忠信孝友，恭俭正直，出于天性。其好学，如饥渴之嗜饮食；于财利纷华，如恶恶臭。平生所为事，未尝有不可对人言者"。这些话，一点也不虚夸。

《挥麈后录》中记载，司马光在元丰末年来到京城时，百姓们比现在的追星族热情还高，纷纷拥上街头一睹其风采。司马光要去当时的宰相府，人们就爬上大树、登上屋顶追看司马光。屋瓦被踩得一塌糊涂，树枝也折损不少。

《邵氏闻见前录》中说，文彦博留守北京（河北大名府）时，曾派细作潜入辽国刺探了这样的情报："辽主大宴群臣时，上演'参军戏'，一个伶人扮成小偷，正下手作恶时，背后跳出一个人，手执木棍子，口称：'我乃司马光也！'一棒将其打翻在地，引得大家哄堂大笑。"

这种"参军戏"，与现在的小品有某些类似之处，由两人出演，一个叫"苍鹘"，一个叫"参军"，参军每次都是挨打吃亏的冤大头角色。所以也称为"打参军"。这样说来，假如由朱时茂和陈佩斯两位来演的话，这"参军"的角色应该是陈佩斯的。文彦博听了，非常吃惊，感慨道："君实清名，在夷狄如此！"——司马光的好名声，连番邦都知道啊！

司马光死后，蔡京等人专权，借口复辟新法，诬蔑他是奸党之首，并在各地刻石立碑，这就是历史上非常有名的"元祐党人碑"。人们纷纷不平，在长安，当地的工匠哭着不肯刻勒，在地方官的严刑威胁下，才不得不动工，但还是恳求不要刻上自己的名字，以免遗臭万年，为后人唾骂。

蔡京等还命人毁掉司马光墓前的"清忠粹德"碑。据说毁此碑时，天昏地暗，风雨大作，吓得人们都不敢动手，只有一个愣头青挥斧击碑，还没把碑石完全击碎，自己就突然口吐白沫死在了碑前。这故事，说得有点玄乎，但足以证明司马光在人们心中的地位。

确实，司马光的个人私德无可挑剔，他几乎具备了传统中国人道德典范中的所有美德，不好色前面已经说过，下面借几个小故事，来佐证一下他的谦诚勤俭：

司马光性子朴直，有一次他让手下的老卒去卖自己的一匹马，仔细叮嘱道："咱这马夏天常闹肺病，卖的时候一定要向人家买主说明。"受司马光的影响，他身边的下人也都朴实可爱。跟随司马光多年的老仆人，一直叫司马光"君实秀才"，后来苏东坡听到了，说你们家主人都当这么大的官了，怎么你还叫他是"秀才"，于是这个老仆改口叫"君实相公"，司马光听了，叹息道："我好好一个仆人，让苏东坡给教坏了。"

司马光涵养极好，不轻易发脾气。有家奴打碎了他家的一个琉璃盏，琉璃，其实就是玻璃，现代玻璃器皿不值钱，但宋代当时不会制作玻璃，因此非常名贵，相当于现在有人打碎一个青花瓷的古董。但司马光宽宏大量，没怎么生气，也不追究这个冒失鬼的责任。

又有一次，一个幕僚不小心碰翻了烛台，都倒在司马光身上。当时司马光是朝堂重臣，中央领导级的人物，地位很高。所以吓得这个人不知所措，司马光却不动声色，淡然处之。

不过，虽说司马光脾气好，但是在争论国家大事时却没有平日里的"淡定"心态。有一次在皇帝御座前，他和大臣吕惠卿争论新法得失，竟然厮打起来，皇帝急忙亲自劝架："大家都是为了工作，在一起讲讲道理，怎么动起手来啦！"——"相与讲是非，何至乃尔！"

司马光一生崇尚俭朴，他曾经说："世上的人，很多都是用耳朵看，用眼睛吃。"听到的人诧异不已，问他："怎么这样说啊？"司马光说："衣服称体合身就好，为什么世人都追求时尚，人家夸什么的服饰华美，就穿什么样的，这难道不是不用眼光，而凭耳朵来决定吗？食品合口味有营养就好，而人们却将食物做成各种精美的样子，这难道不是让人用眼睛来吃吗？"这段话，其实本意就是反对当时奢靡的风气。

当时李清照的外公王拱辰，在洛阳建了豪华的宅第，最高的大堂高三层，叫做朝元阁，金碧辉煌，很是壮观。而司马光的居室，十分简陋狭窄，于是挖了几间地下室。当时人编了口号道："王家钻天，司马入地。"

司马光在洛阳时，也和一些文士在名园古寺里搞"文学沙龙"，但司马光规定，水果不超过三样，菜不过五样，以避免大吃大喝浪费，名之为"真率会"。当时文彦博官任太尉，正在洛阳挂职。听到后，也要来，司马光却不让，因为他觉得文彦博身份太高贵，来了后肯定要讲排场。但文彦博却较上劲了，不让我去，我偏去。他打听好这一天司马光又在聚会，于是带着珍馐美味径直去了，司马光见了，也不好赶他走，半开玩笑地说："你这一闹，把我的会都搅俗气了。"等到散会后，司马光还是很不高兴地对别人说："唉，我实在不该让他参与。"其实文彦博也并非俗人，只是司马光怕他把"真率会"变成酒会宴会而已。

司马光的勤奋，更是屡屡为人称道。所谓"警枕"的故事，说的就是司马光。他用一个圆木作枕，夜间稍一活动，木枕就滚走了，人就从睡梦中惊醒。醒了做什么？起来读书。

司马光幼年时就手不释书，以至不知饥渴寒暑。都说司马光是神童，其实他常觉得自己记性不如别人，于是他倍加勤奋，常常是每天熬夜，甚至出行时在马上也持卷而读，不放过一点空闲时间。

到了晚年，司马光居住在洛阳的独乐园中，几乎所有的精力都投入编撰《资治通鉴》一书中了，服侍他的只有一个老仆，每天不到二更天（现在晚9点吧），他就让老仆先睡，自己在灯下编撰修改书稿到半夜时分，自己吹灭灯烛，看视炉火。第二天才交五更（早5点），天还没亮，司马光就又点起灯来著书了。如此19年，单单书稿就装满了好几间屋子，这才修成这部令后世景仰千年的鸿篇巨著。

司马光平生写词很少，诗倒有一卷，另外，还有《涑水纪闻》等笔记，写当时的宋人轶事，我写此书时也经常用来参考。不过借用网络上的一句话，和他那部巨著《资治通鉴》比起来，那些东东统统都是"浮云"！这里我忍不住像爱唠叨的老太太一样再次重复赞美一下《资治通鉴》。

司马迁积毕生精力写成的《史记》，只不过有50万字，而《资治通鉴》却有皇皇300万字之多。而且，这还是大幅删削后的结果。唐史部分一开始有接近800卷，而经司马温公却浓缩为81卷，据此看来，《资治通鉴》的原始资料当不下3000万字之多。

《资治通鉴》是我国最大的一部编年史，什么叫编年史？就是按历史年代来写，某一年发生了什么事，历历在目。而不是像《史记》那样，分帝王将相，各自写其一生的经历——那叫纪传体。编年体写起来难度要大得多，不说别的，就说我们自己，写写一生中经历的大事，可能不难，但清晰到哪一年哪一月，就麻烦多了。一人的经历尚且如此，何况是通贯千年的历史？

而经过司马光的良苦用心，把自战国初期到北宋开国前这1362年的史实，以年月为经，以史实为纬，写得清清楚楚，条分缕析，因果分明。废兴之机要，人情之冷暖，尽收此书中，其中的裁削熔铸之功，让人无法不感叹拜服！

如今，《资治通鉴》的各种白话本频出，让翻印此书的出版商赚得盆盈钵满，这部书被赞为"英雄豪杰纵横天下的帝王之书，名臣良将从政经略的权谋之书，芸芸众生安身立命的生存之书"。古往今来，多少人物在其中得到无尽的滋养。

司马光在《进资治通鉴表》中说："臣今筋骨癯瘁，目视昏近，齿牙无几，神志衰耗，目前所谓；旋踵而忘。臣之精力，尽于此书。"

书修成了，当年那个京洛间绘图传诵的小神童，已白了乌发、落了坚牙，变成了一个转身忘事、目昏神疲的老人。遥想司马温公修成此书时苍老的容颜，我不禁百感交集。诗赋小词虽然风流娴雅，毕竟于国事无益，于苍生无补。7 岁时，他毅然举石砸缸，救起将被溺死的小儿；而老来的司马光，没有像其他北宋高官那样欢歌宴饮，优悠度日。他执意孤独地燃灯伏案 19 年，将精力耗尽在这本书中，图的是什么？在那个时代，他只能用文笔来记录下历史的镜鉴，祈盼君王更贤明一些，以此来救天下之苍生！

每次捧起书案上那厚厚的《资治通鉴》，都会由衷地对司马温公生起一份感激景仰之情。

王安石

▷ 王安石（1021－1086 年），字介甫，号半山，江西临川（今江西抚州市临川区）人，北宋著名思想家、政治家、文学家、改革家。

▷ 王安石在文学中具有突出成就。其散文论点鲜明、逻辑严密，有很强的说服力，短文简洁峻切、短小精悍，名列唐宋八大家之一。其诗"学杜得其瘦硬"，擅长于说理与修辞，晚年诗风含蓄深沉、深婉不迫，以丰神远韵的风格在北宋诗坛自成一家，世称"王荆公体"。有《王临川集》《临川集拾遗》等存世。

　　说起这宋神宗一朝，人才还真是济济一堂。前面已经讲过司马光的风采，仔细数上一数，唐宋八大家中宋代这六位，除了欧阳修略早一点，其余五位全部在神宗时"闪亮登场"——苏轼、苏辙、苏洵、曾巩、王安石，这些名震文坛的人物，组成了宋神宗文臣"团队"的超豪华阵容。

　　这样的局面，不能不说是宋代重视科举取士获得的成就，仁宗皇帝在录取了苏氏兄弟后，曾高兴地对皇后说："今天为子孙预备了两个当宰相的好人才。"然而，大概是如同吃了太多的肉蛋奶类，反而容易血脂过高、营养过剩一样，宋神宗时也出现了人才"过剩"的情况，最为突出的就是王安石和司马光、三苏等人分歧严重、水火不容，他们像寓言故事中的天鹅、大虾和梭鱼，分别向不同方向用力拉宋王朝这辆车，把宋神宗弄得左右不是，困惑极了。

　　神宗一朝的政坛上，"戏份"最多的核心人物，就是王安石了。写此文时，恰好是辛卯春节，窗外爆竹声脆，门前披彩挂红，一副除旧迎新的气象。不禁让我油然想起王安石的那首诗："爆竹声中一岁除，春风送暖入屠苏。千门万户曈曈日，总把新桃换旧符。"

总把新桃换旧符——拗相公变法

关于王安石，我小时候受教科书影响，看到的全是赞誉的言论。王安石要改革嘛，当时改革开放春风正浓，列宁的这句"金口玉言"也经常被拿出来讲："王安石是中国 11 世纪时的改革家"——当然，现在有学者说，这是断章取义的说法，可当时是无人敢质疑的。

其实对于王安石，一千多年来，负面的评论一直是铺天盖地，赞誉他的声音仅仅集中在近代这一百来年。宋代当时的各种笔记资料里对他颇多抨击，托名苏洵写的《辨奸论》一文，说他是王衍与卢杞合二为一的"变身"。因为王安石口才很好，常高谈阔论，在朝堂也是目空一切，盛气凌人，故而把他比成晋代清谈误国的王衍。不过王衍虽然误国，但"范儿"挺好，有"玉人"之称。王安石却脸比宋江还黑，加上长年不大洗澡，更是"囚首丧面"（囚犯的头发，守丧人的脸），仪表很差。因此，又把他比成长得"鬼貌蓝色"的唐代奸相卢杞。

有个叫陈莹中的甚至说："寻常学者须知得王介甫（王安石）一分不是，即是一分好人，知得王介甫十分不是，便是十分好人。"所以，本书中，就让大家都做做"好人"——当然，我不是想攻击王安石，因为过去总是提他好的一面，刻意回避他的负面信息，想真正了解一个人，就要兼听正反两面的评论嘛。

王安石变法，主旨是好的，王安石的个人品德也是无可挑剔的。然而，令人困惑的是，为什么支持变法的人除王安石外，"变法团队"中的得力干将及追随者，几乎没有什么好人。差不多"承包"了《宋史》中的奸臣传。

像臭名昭著的吕惠卿（就是在皇帝面前和司马光掐架的那个），是王安石集团中最得力的干将，王安石曾在神宗面前夸他："惠卿之贤，岂特今人，虽前世儒者未易比也。学先王之道而能用者，独惠卿而已。"然而，事后证明，吕惠卿是个忘恩无义的小人，连王安石本人也被他反噬陷害。

再看章惇、蔡卞、蔡京、李定、邓绾等人，个个都有斑斑劣迹，蔡卞是王安石的女婿，倒没有太大的过恶。不过他主政后，将已经去世的王安石配享孔庙，仅在孟子和颜回之下，很是过分。有优伶编小品这样来讽刺：一群人演孔子设宴，孟子和颜回都不得不揖让王安石，孟子说"你爵位比我大多了，应该上座"，颜回更是自惭形秽地说"我一介穷书生，怎敢上座"。于是戏中的"王安石"就大模大样地端坐首席，孔子看不过去，生气地退席走了。这时性格耿直的子路揪起孔子的女婿公冶长责问："你这女婿怎么当的，看人家（暗指王安石）的女婿多给力！"

而蔡卞的哥哥就是蔡京，这个大家熟悉，《水浒传》中四大奸贼之首嘛。李定这厮曾把苏轼陷害入狱，差点整死。说到邓绾，他有句无耻的官场名言流传后世："笑骂由人笑骂，好官我自为之"——百姓再怎么骂我，同僚再怎么看不起我，我反正大官当上了，职务升了银子赚了，你能怎么着？

而转过身来，看看反对变法的司马光、苏轼、文彦博、韩琦、郑侠等人，却怎么看也不像坏人，所以，这其中的是是非非，实在不是像非黑即白那样的简单，也并非三言两语能说得清楚。

历史就是这样吊诡。

《宋史》中说王安石"性强忮，遇事无可否，自信所见，执意不回"，这应该是很客观的。有个故事，说王安石刚"参加工作"时，上司包拯举行宴会，他和司马光都在座。包拯当时兴致很高，亲自劝酒，司马光虽然素不喜饮酒，但迫于形势，也喝了两杯，但是劝到王安石这里，这个"倔石头"说什么也不喝，连有"阎罗老包"之称的包青天也无可奈何。（插一句疑问：现在都说不会喝酒就当不了官，王安石这种不喝酒、不会看上司眼色的人居然能当上宰相，好奇怪啊！）

所以，王安石后来有个外号叫"拗相公"。我们现在有句话叫"唯有偏执狂才能生存"，王安石就是当之无愧的"偏执狂"，他要是认准一件事，那是非做不可，撞了南墙也不回头，撞倒了南墙为止。

然而，他这种偏执的性格也造成了他狂躁狭隘，不能包容别人一丁点的缺点和一丝一毫的不同意见。王安石当政时，把说新法不好的人统统驱出朝堂，即使是以前的师长加上司，过去的朋友加同事，也毫不容情。

《宋史》中不无感慨地说道："于是吕公著、韩维，安石借以立声誉者也；欧阳修、文彦博，荐己者也；富弼、韩琦，用为侍从者也；司马光、范镇，交友之善者也：悉排斥不遗力。"

司马光和王安石曾经相交甚厚，但后来势如水火，司马光竟然在奏章里写道："臣之与安石，犹冰炭之不可共器，若寒暑之不可同时。"两个人简直像有"杀父之仇"似的。

王安石脾气一直是这样，他晚年退居半山堂时，有一老卒服侍他，打打水扫扫地什么的，很称其意。但就因为偶尔有一次这老卒不小心打翻了灯台，王安石就大发雷霆，撵走了这名老卒。当时就有人评论道："公以喜怒进退一老兵，如在朝廷以喜怒进退士大夫也。"——现在你们只看到他凭一时喜怒炒这个老卒的"鱿鱼"，不知道当年他官居宰相时，满朝高官都是这待遇。

按说是"宰相肚里能撑船"，连贼头黎叔都懂的："想服众心胸要开阔，容得下弟兄才能当大哥。"但是从以上事例却能看到，王安石性格褊躁，不能容人。相比之下，曾经是王安石上司的韩琦就大不一样，韩琦镇守西北时，有一个兵丁为他举灯照明，一不留神把灯焰凑到韩琦的下巴上，把韩大帅的胡子都烧着了。偏将叱骂着命人将他拖出去拷打，韩琦却制止了，并且还让他负责掌灯，并说："经过这样一件事，他肯定懂得小心在意了。"

王安石这种性格，对新法的推行也是很不利的。据说王安石棋品"低下"，因为他非常性急。落子时很急躁，常常下到中盘就"崩溃"了，这时王安石就把棋子一撸，说："下棋本是为了消遣，如果太过用心，不成了负担吗？"然而，就王安石推行新法的种种措施来看，和他下棋一样，某些问题也是没有经过缜密考虑的，盘上的棋子可以一抹了之，但这"全国这盘很大的棋"溃乱之后又将怎么办？

据说领导批阅文件，有"圈阅"这个习惯，这是由王安石创立的。王安石性子急，签名时往往只签一个"石"字，他字画潦草，一横连一撇，下面那个"口"字就画个圈，但一开始画得很不圆，有人就传小道消息说：王安石在文件上画押的字竟然是个"反"字。王安石听了，专门练了画圈，以后画得都很圆，以免别人再说三道四。

《三言》中有一篇叫"拗相公饮恨半山堂"，说是王安石辞官归乡时，一路上看见老百姓对他恨之入骨，把家里的鸡和猪都起名叫王安石，这事属小说家言，是否属实，实在难说。但王安石变法后，连续大旱不雨，百姓流离失所，苦不堪言，确为史实。

当年身为一介守门小吏的郑侠，不惜犯欺君之罪，将百姓受新法荼害的惨状，画成《流民图》，谎称密奏紧急军情，直呈于神宗皇帝，并称："但经眼目，已可涕泣，而况有甚于此者乎？如陛下行臣之言，十日不雨，即乞斩臣宣德门外，以正欺君之罪。"郑侠无端赌上自家性命上书，这样的作为，似乎也不是奸邪之辈。宋神宗看罢，夜不能眠，第二天就下诏罢行新法，也巧，没过三天，就天降大雨，朝野上下都欢呼相贺。

看了这些，不禁让人疑惑：难道这新法也是一场由领导者发动，被阴谋家利用，给国家人民带来严重灾难的内乱？

静忘岁月赖群书——"此老，野狐精也"

关于王安石变法的是是非非，实在是一本书也难以说清，不过，批评王安石者，说他执拗者有之，说他误国者有之，但从未有人敢说他没学问，没才能，王安石倒是经常训别人："君辈坐不读书耳！"——你们就是因为没读过书，才不懂事！

所以，就连才华盖世的苏东坡，对王安石也是由衷地佩服。《三言》那本书中刚骂完王安石，随即又来了篇"王安石三难苏学士"，对王安石的学识大大夸奖了一番。

《西清诗话》中说，苏轼见到王安石的一首"六言诗"："杨柳鸣蜩绿暗，荷花落日红酣。三十六陂春水，白头想见江南。"不禁"注目久之"，然后叹道："此老，野狐精也。"这首六言诗，确实写得很有神韵，宋人罕有此音。当不在王维那首"桃红复含宿雨，柳绿更带朝烟"之下。

王安石的文章偏重议论，质朴无华，一般人看起来不免枯燥乏味。我们中学课本中选过的《游褒禅山记》《答司马谏议书》等，都是这一类，当年硬生生读过，想必都没有多少深刻的印象，远不如苏轼的《前赤壁赋》给读者的感染力强。前不久的冬夜，我拥被而读王安石的《论本朝百年无事札子》，看得很是发困，想当年的宋神宗，也真算得好皇帝，人家有那么多后宫佳丽等着，还有耐心看这个，实在也算得上勤政爱民了。

不过，王安石的诗写得出神入化，宋诗选本中，王安石是不可或缺的，像我们熟知的"春风又绿江南岸"、"遥知不是雪，为有暗香来"等等，都是宋人集中难得一见的"惊艳"好句。除此之外，像"草草杯盘供笑语，昏昏灯火话平生"情也好，境极好，宋诗中少有。后来李清照那句"随意杯盘虽草草"，很像是袭自这一句；而"青山缭绕疑无路，忽见千帆隐映来"似乎后来被陆游学了去，改为"山重水复疑无路，柳暗花明又一村"。

王安石学识渊博，他自称"某自百家诸子之书至于《难经》、《素问》、《本草》、诸小说无所不读"。所以他笔下役使起诸般典故，自然挥洒自如，妙趣无穷。越是胸中典故多的行家，读起王安石的诗来，越是由衷地钦佩不已。黄庭坚都佩服说："荆公六艺学，妙处端不朽。"比如他的那两句："一水护田将绿绕，两山排闼送青山"，不但对仗精妙，而且其中暗藏典故；不但暗藏典故，还都是汉书中的典故。（护田：用《汉书·西域传》中在新疆驻军屯田的典故；排闼：用《汉书·樊哙传》中樊哙排闼入宫劝谏刘邦的典故。）

王安石还非常喜欢集句诗，这在古代没有搜索引擎的情况下，更要依赖广博的学识和超强的记忆力。比如像这一首《招叶致远》：

> 山桃溪杏两三栽，（雍陶《过旧宅看花》）
>
> 嫩蕊商量细细开。（杜甫《江畔独步寻花》）
>
> 最是一年春好处，（韩愈《早春呈水部张十八员外》）
>
> 明朝有意抱琴来。（李白《山中与幽人独酌》）

可谓巧心剪裁前人诗句，意义贯通，浑若天成。这样集句作诗，比自己创作一首诗，难度还要高。

当然，如果仅仅是集个绝句，也不算非常难，笔者在写唐才子的后记中也冒昧集过一首，但像王安石写《胡笳十八拍》那样一连18首长诗都用集句方式写成，那却是千难万难。据王安石自己说，写成这组诗，也是殚精竭虑，苦思良久，并向禅师学习坐禅后才得以"大功告成"的。限于篇幅，我们只看其中一首：

中$\qquad$胡笳十八拍（一）

> 中郎有女能传业（韩愈），颜色如花命如叶（白居易）。
>
> 命如叶薄将奈何（白居易），一生抱恨常咨嗟（杜甫）。

良人持戟明光里（张籍），所慕灵妃媲萧史（韩愈）。

空房寂寞施缦帷（王安石），弃我不待白头时（张籍）。

《沧浪诗话》中赞道："集句惟荆公（王安石）最长，《胡笳十八拍》浑然天成，绝无痕迹，如蔡文姬肺腑间流出。"王安石爱集句，爱到痴迷的程度，有个叫蔡天启的人来拜谒王安石，王安石起初不很在意，让他坐在末座，当时王安石正思索"江州司马青衫湿"这一句诗，下一联对什么好，蔡天启说："何不对'梨园子弟白发新'？"王安石听了，大喜，从此对蔡礼遇有加。

如今网络上也有不少人玩"集句"，不过有的好像是背书背迷糊后混搭起来的，也算得"天成"、"偶得"。像："天生我材必有用，明朝散发弄扁舟"（好在还全是李白的），又如："大江东去浪淘尽，千古风流人物，故垒西边，人道寄奴曾住"（苏、辛两位大词人合一块，倒还挺顺溜的）。

有一些则基本上是为了恶搞经典，比如："后宫佳丽三千人，铁杵磨成绣花针"——好好的诗句给整成少儿不宜，又比如："朕与先生解战袍，芙蓉帐暖度春宵"，这个更厉害，还有"断臂"内容哟。

王安石的过人学问，来自于他的勤奋刻苦。我们现在常讲好多"科学怪人"们有着种种怪癖，如卡文迪许等整天不修边幅，衣服没有一件有整齐扣子的，简直生活无法自理。看王安石的很多轶事，大体也是如此。

王安石整天蓬头垢面，如果没有人替他着想，他一年衣服也不换，澡也不洗。同事们看不过去，于是就隔几个月相约王安石一起洗澡。洗完澡，王安石就穿上同事给他准备好的新衣，竟然也不问新衣是从哪儿来的，旧衣服到哪儿去了。此事被戏称为"拆洗王介甫"。

又如，有人对王安石的夫人说，王安石喜欢吃獐子肉。夫人奇怪，说王安石对饮食从不挑拣，哪里有这个嗜好？后来一问，才恍然大悟。原来王安石吃饭时也在思索文章，哪盘菜离他近，就只顾吃那盘。后来人们悄悄将菜肴的位置换了下，果然，王安石把离他最近的菜吃光了，獐子肉却一块也没动。

还有一次，王安石到常州视察，平日里一脸严肃，从来不笑。地方官个个心中惴惴不安，不知何处惹他生气了。在招待他的宴会上，有两个优伶在演小品，这时王安石突然朗声大笑起来，地方官大喜，以为是这两个优伶演得好，立即重赏了他们。但细心人察言观色，觉得王安石似乎不像是为看节目发笑，于是找个机会悄悄地向王安石询问，王安石说："我在宴席上思索《易经》的奥秘，忽然想通了，故而欢喜大笑。"

王安石和司马光一样，也有过夫人给他买妾，他置之不理的故事。王安石不懂所谓的"风雅"，所以平生不写艳词。

有人给王安石送去一方神奇的石砚，介绍说："对着石砚一呵气，就有水珠渗出，实在是件难得的宝物。"哪知王安石哂笑道："就呵出一担水来，又能值几个钱？"这不禁让我想起《射雕英雄传》中一段文字，黄蓉叫道："这村子好，咱们就在这里歇了。"周伯通瞪眼道："好甚么？"黄蓉道："你瞧，这风景不像图画一般？"周伯通道："似图画一般便怎地？"黄蓉一怔，倒是难以回答。

是啊，对于王安石和周伯通这一类把心思埋在自己天地中的人，和那些有"艺术细胞"的人是无法沟通的。

又有一例：北宋时的蔡襄是茶道名家，有一次请王安石去品茶，我们知道"风雅之士"对品茶的讲究极多，从《红楼梦》里妙玉论茶这一节，就足以领略。而王安石去了后，当蔡襄费了很多"工序"，烹制了上好香茗请他品鉴时，王安石突然想起还没有服药，于是从怀中掏出一包"消风散"放在茶杯中，然后一饮而尽。蔡襄大惊之余，不免哭笑不得。我们知道，品茶时大口喝，都认为是不雅的"牛饮"，王安石倒好，直接当吃药的温开水了。

王安石集中，诗句颇多，词的数量却极少，但这一首《桂枝香》，却是深得历代词家赞叹，是选宋词时断不可遗漏的：

登临送目。正故国晚秋，天气初肃。

千里澄江似练，翠峰如簇。

征帆去棹残阳里，背西风、酒旗斜矗。

彩舟云淡，星河鹭起，画图难足。

念往昔，繁华竞逐。叹门外楼头，悲恨相续。

千古凭高，对此谩嗟荣辱。六朝旧事随流水，但寒烟、衰草凝绿。

至今商女，时时犹唱，《后庭》遗曲。

这首词，境界高远，有尺幅千里，纵览古今之气概。通篇正如词中所写的时令一样，透着晚秋时的清肃寥廓，此词初看雄健，但静静体味，却能感觉到，此时的荆公心中，浸染着秋凉叶落后的惆怅之情，无奈之情。此词写于王安石二次罢相后，正在闲居金陵时。他的心境正如词中一样的苍凉失落。

王安石晚年沉溺于编《字说》，这本《字说》主要是对汉字进行拆解，加以分析。这项"事业"费了王安石很多精力，相传他编此书时不断啃手指头，都啃得流血。然而，《字说》中的解释颇多牵强附会，苏东坡就不服，问王安石，我东坡的"坡"字，怎么解释？王安石说："坡者土之皮。"苏东坡反唇相讥，那"滑字就是水之骨了"？王安石愕然，无以应对。

说到博学多闻，王安石在个个文采斐然的宋才子中也算得上是卓尔不凡的，可惜的是他做的好多事儿，比如编《字说》和集句什么的，实在也没有太大的意义，远不如司马光的《资治通鉴》对后世更有价值。就算多写几首好诗好词也强于琢磨那费力不讨好的《字说》啊！

如果我能穿越到宋代，真想找机会劝一下王安石。唉，突然想起来了，王安石是一向不听人劝的拗相公，他要做什么事，恐怕是没人劝得了的。

晏小山

▷ 晏几道（1038 — 1110 年），北宋著名词人。字叔原，号小山，抚州临川文港沙河（今属江西省南昌市进贤县）人。晏殊第七子，被称为"小晏"。

▷ 著有《小山词》一卷，存词 260 首，其中长调 3 首，其余均为小令。他工于言情，但很少尽情直抒，多出之以婉曲之笔，较之晏殊的词沉郁顿挫，更加清丽脱俗。在小令的技法上也有所发展，日臻纯熟，艳而不俗，浅处皆深，将艳词小令，从语言的精度和情感的深度这两个层面上发展到极致。

词坛之中的"父子兵",最著名的当属南唐二主和大小晏。"二主"之中,李煜的成就高于其父李璟,这是大家公认的,而晏几道和晏殊PK一下又将如何呢?看法却各有不同。近代词论家况周颐说:"小山词从珠玉词出,而成就不同,体貌各具。珠玉比花中牡丹,小山其文杏乎?"意思是嫌小晏的词不如其父大气,当世诗词评论家叶嘉莹也说小山词意境"实在远较乃父为狭隘而浅薄"。

然而,我却并不完全赞同以上结论,大小晏的词,本来就都是深情软款的婉约派,这一类词,不当以意境论高下。就好比评论一下西施和杨妃谁更美,你不能说杨妃体格好,比病西施有力气。谁要是不服气我的结论,我再搬来明代王世贞的这段话来涨涨势:"词须宛转绵丽,浅至儇俏,挟春月烟花于闺帏内奏之。一语之艳,令人魂绝;一字之工,令人色飞;乃为贵尔。至于慷慨磊落,纵横豪爽,抑亦其次……"

依我看,晏几道的词,别的不说,单就"情真意切"这四个字上,远胜其父的《珠玉词》。晏殊身为朝廷重臣,写词时不免总有一分矜持,用俗话说就是"端着架子"哪,比不上"梦魂惯得无拘检"的小晏,能吟得出"又踏杨花过谢桥"这样痴绝如斯的句子。

歌尽桃花扇底风

晏几道，字叔原，号小山，是晏殊的第七个儿子。由于他年纪最小，父母肯定对他多一些偏爱。现在好多评论者，常拿晏几道比贾宝玉。确实，他们的性格有许多类似之处。想想也是，同样出身于钟鸣鼎食之家，同样在脂浓粉香里长大，后来同样面对家道中落的困厄，他们肯定也会有同样的心路历程。

《红楼梦》中说，贾宝玉小时候"抓周"，什么也不拿，"伸手只把些脂粉钗环抓来玩弄"，还有个"爱红"的毛病，喜欢吃人家女孩儿口中的胭脂。与之类似，晏几道小时候也有过一件这样的事：

有一次晏府家宴时，尚为年幼孩童的小晏，竟然当众唱起"三俗"词人柳永的句子："酒力渐浓春思荡，鸳鸯绣被翻红浪。"一时间满堂宾客哭笑不得，局面极为尴尬。晏殊羞怒之下，打了小晏一个耳光，但天真无邪的小晏却倔强不服，哭着辩解道："这词就是好听，为什么不能唱？"晏殊气得直跺脚，认为小晏这孩子算完了，"三岁看大，七岁看老"，长大后肯定是"淫魔色鬼"一流。

然而，《小山词》里虽然十有八九要"语及妇人"，但读来比柳永、欧阳修的那些艳词纯净得多。虽有男男女女、卿卿我我，但绝无亵媟之念、淫恣之想，更没有半分狎玩调谑的态度。看来晏几道和贾宝玉一样，并非是"皮肤滥淫"之辈，他虽然也多情博爱，但绝对是痴情痴心地对待每一个女孩儿，打心底儿尊重她，疼爱她。

大观园中的贾宝玉既想着黛玉，又念着宝钗；舍不得晴雯，又离不开袭人。同样，晏几道也希望莲、苹、鸿、云这几个歌女永远都簇拥在他身旁，天天歌舞达旦，正所谓"舞低杨柳楼心月，歌尽桃花扇底风"。当然，这是个无法实现的祈愿。

说来也有些奇怪，晏几道爱恋的这几个女孩子都是别人家的，她们是友人沈廉叔、陈君龙家的歌妓。按道理说，晏家是相门大族，应该不乏歌舞之妓啊？我猜，大概是晏殊"宽于律己"而"严于律子"，对年纪尚且不大的晏几道管教极严，不许他接触晏府中的歌妓，所以小晏只好到朋友家里去开眼界了。

晏几道在推杯换盏的筵席间写出曼妙宛转的新词，让正值青春妙龄的莲、苹、鸿、云或启玉喉而高歌，或舒广袖而轻舞，这是他感觉最快乐的日子，值得他用整个后半生来梦中回味的日子。

晏几道身份性格类似贾宝玉，而词风类似林黛玉。他的文字如游丝袅空一般纤弱凄婉："红烛自怜无好计，夜寒空替人垂泪"；"朝落暮开空自许，竟无人解知心苦"；"新酒又添残酒困，今春不减前春恨"……这一类牵愁动恨的句子，和林黛玉的"秋花惨淡秋草黄"相比，如同出于一弦一喉。

所以，冯煦《六十一家选例言》中这样说："淮海（秦观）、小山，古之伤心人也。"

生于大富大贵之家，含着金汤匙出世，真的很幸运吗？也不见得，因为一来到这个世界上什么都有了，往后的日子就全是失落了。假如一个孩童，一下子就拥有了世间所有的好玩具，他幸福吗？要知道，以后他不会再有得到新玩具的喜悦了。反而，他现有的玩具却有可能一件件破旧，丢失。宋代的小晏，明末的张岱，都是这种看上去幸福，实际上可怜的孩子。

晏几道的大半生都是在寻觅，在追忆，寻觅留在他梦里的刹那红颜，追忆那曾经的似水年华。在《小山词·自序》中，晏几道滴泪研墨，写下这样的文字："考其篇中所记悲欢合离之事，如幻、如电、如昨梦前尘，但能掩卷怃然，感光阴之易迁，叹境缘之无实也"……此等心境，和六百多年后著书黄叶村中的曹雪芹，一般无二。

相寻梦里路，飞雨落花中

虽然晏家并没有像贾府一样被抄，但是父亲晏殊去世后，年纪轻轻的晏几道立刻就领略到了人世的险恶，不但始终屈沉于世，没有升职的希望，而且还在宋神宗熙宁七年因为好友郑侠反对王安石变法，被牵连下狱。

按说小晏这种性格的人，根本不喜欢参与政治，但却也不可避免地卷入了政治旋涡。其实他和郑侠只是文辞上的交往，郑侠绘制《流民图》上呈皇帝，反对新法，小晏恐怕毫不知情，也并不关心。但是郑侠被捕后，瓜蔓相抄，亲戚朋友一并治罪。差役在郑侠家搜到一首小晏的诗："小白长红又满枝，筑球场外独支颐。春风自是人间客，主张繁华得几时？"这本来是一首很平常的写景抒情诗，但"官方"解释说："主张繁华得几时"这句，是恶毒攻击王安石的新法不能长久。于是，差役将小晏也关入大牢，听候发落。

　　"风起于青萍之末"，由此看来，"文字狱"已初露狰狞，要磨牙吮血了，好在它还像一只关在笼中的猛兽，尚无大肆噬人的条件。神宗皇帝对文字上的"敏感词"，还不是太较真。后来苏轼"乌台诗案"中那句什么"蛰龙"之类的话，他也是一挥手作罢。而且神宗深知小晏很"纯"，活到三十多岁，心理上还是"小正太"，绝不会来趟政坛浑水，不久就命人释放了他。

　　然而，可想而知，这一段经历对小晏的心理打击非常大，《水浒传》中有段文字形容这牢狱之中的可怕，很是真切："推临狱内，拥入牢门。抬头参青面使者，转面见赤发鬼王。黄须节级，麻绳准备吊绷揪；黑面押牢，木匣安排牢锁镣。杀威棒，狱卒断时腰痛；撒子角，囚人见了心惊。休言死去见阎王，只此便为真地狱。"要是江湖上提着脑袋玩命的那等狠人，狱中出来进去算不了什么，但晏几道却是女孩儿一般娇弱的人儿，身心所受到的伤害是终生难泯的。

　　所以，此后的晏几道更醉心于那些清词丽句之中，沉醉在女儿家的温柔梦里，只有这里，才是他心灵的港湾。他恐怕也像贾宝玉那样，期望自己也成为一个女孩家，省得再沾惹这尘世的污浊。

　　好友黄庭坚曾经奇怪他这样聪明的人，为什么不多研究些经国大业？晏几道答道："我盘跚勃窣，犹获罪于诸公，愤而吐之，是唾人面也。"我用大俗话翻译一下，意思是：我夹着尾巴做人，那些人还加罪于我哪，要是把胸中想说的那些话都讲出来，那等于对着他们的脸啐唾沫！

　　《红楼梦》"凡例"中宣称，作者是为闺阁昭传，绝不干涉朝廷云云，晏几道也只为我们留下一卷《小山词》。词中只记述了对莲、苹、鸿、云这几个女子的相思之情，除此之外，晏几道不愿多言。

黄庭坚说他平生有四痴："仕宦连蹇，而不能一傍贵人之门，是一痴也；论文自有体，不肯作一新进士语，又一痴也；费资千百万，家人寒饥，而面有孺子之色，此又一痴也；人百负之而不恨，己信人，终不疑其欺己，此又一痴也。"

《红楼梦》中则说贾宝玉是："无故寻愁觅恨，有时似傻如狂。纵然生得好皮囊，腹内原来草莽。潦倒不通世务，愚顽怕读文章。行为偏僻性乖张，那管世人诽谤。"两人何其相似！黄庭坚诗中曾称小晏为"云间晏公子"，确实，他们这样的人只适合生活在云端里，不要到红尘中来过世俗的日子。一旦从云间跌落在地，就特别地无助。

落入凡间的精灵，往往很忧伤。

小晏的脾气，在外人看来是相当古怪的。好友黄庭坚介绍苏轼去拜访他，他居然拂袖不见，还说："今日政事堂中，半吾家旧客，亦未暇见也！"意思说朝廷中的大官多的是，大半是当年我父亲的门生故旧，我都没空搭理他们。让当时正风光得意的翰林学士苏轼碰了一鼻子灰。

小晏不见苏轼这件事，例来为人津津乐道。可见小晏的性格十分怪僻。苏轼并非俗人，当时已是名满天下，又是好友黄庭坚的恩师，按正常的人情礼往，小晏见一下又何妨？就算给朋友个面子嘛。

我猜测，这并非单单是因为小晏性格古怪，更可能是小晏经历了那次牢狱之灾后的敏感反应，小晏本来就不愿意参与政治，却因与郑侠交往而无端被株连，此后他对党争旋涡抱有深深的畏惧。苏轼也是反对新法的，并因"乌台诗案"而下狱。所以小晏一听，就本能地产生了"自我保护意识"，觉得苏轼是个招灾惹事的人，于是他赶紧关上自家的大门躲起来了。

《碧鸡漫志》中记载，小晏暮年时，权相蔡京派人登门，请晏几道写一首贺重阳的词，晏几道写道："九日悲秋不到心，凤城歌管有新音。风凋碧柳愁眉淡，露染黄花笑靥深。初见雁，已闻砧。绮罗丛里胜登临。须教月户纤纤玉，细捧霞觞滟滟金。"词是不错，但里面却没蔡京的事，一句对蔡京的恭维话也没有，压根儿就看不出是为蔡京所写。蔡京看了，虽然大为不悦，但小晏古怪畸零的脾气人人皆知，也就罢了。

这恐怕也是晏几道借以疏离政治人物的一种手段，不可只用"不通事务"四字来推断。晏几道，号小山。这"小山"二字，取于"淮南小山"，大有隐者之味。晏几道晚年之时，可能心境淡然明澈，几近于道矣。

小晏一生没有做过大官，对于他这种贵公子，做大官并不是心中最渴望的事情，比不得面朝黄土背朝天的"田舍郎"们，做梦也想着玉堂金马什么的。人家小晏什么没见过？父亲当过位极人臣的宰相，豪华排场下一样也有不为人知的烦恼。所以这些清贵子弟们反而是"身在高门广厦，常有山泽鱼鸟之思"。

晏几道生卒年并无确切记载（晏氏宗谱中的记录，有不少学者质疑），不过种种说法，都证明晏几道的寿数是相当长的，起码有七十多岁以上。

都说情深不寿，张恨水先生的《春明外史》中写到一位才子，死于30岁的壮年，其友恸道："看到平日写的词，我就料他跟那纳兰容若一样，不能永年的……"确实，像李贺、纳兰容若等多情才子都是三十岁左右就"泪尽而逝"了。如果单看《小山词》中那些锥心刺骨的伤感之句，也觉得他似乎是"不能永年的"，但晏几道却活过了"古来稀"的高龄。

所以，我觉得，饱经现实中的风刀霜剑后，晚年的晏几道已是一位将世事看得淡薄之极的达观老人，编完梦里寻花的《小山词》，他已不再是那个翩翩于浊世的佳公子。

北宋时东京的繁华街头，也许有这样一个苍颜老者，独自闲步在夕阳斜照里，笑看达官显贵们喝道而来，扬尘而去，闷来就坐在小店中沽一盏浊酒。虽然远处高楼上，歌妓们的清喉中仍然唱着"歌尽桃花扇底风"，但他却神情淡漠。那已是昨梦前尘，与他无关了。

这就是晚年的晏几道。对不起，我这样的想象可能破坏了好多女粉丝们心中帅帅的小晏形象。然而，绝代佳人、极品帅哥都是要老的，除非在最美的时候死去。记得一个痴情女粉丝怀念张国荣时的心情，她说原来最怕心爱的偶像们长出白发和皱纹，但现在宁愿看着自己的偶像随着岁月一起老去。

小晏没有像众多情痴一样早亡，这很好。想起来，很温暖。

衣上酒痕诗里字

晏几道的词虽然婉约，但不同于花间词。有人评："花间词浅，小山词深；花间词伪，小山词真；花间词装饰，小山词清丽；花间词如拔金戴玉之贵妇，小山词如天生丽质之少女。"

晏几道的词，多是"弱柳扶风"、"娇花照水"般的女儿之态，被夸为"字字娉娉嫋嫋，如揽嫱、施之袂"，读来犹如春花飞空，美丽而惆怅。《小山集》中传诵众口的词非常多，好多都是大家熟知的名句，如："落花人独立，微雨燕双飞"（《临江仙》）；"衣上酒痕诗里字，点点行行，总是凄凉意"（《蝶恋花》）；"舞低杨柳楼心月，歌尽桃花扇底风"（《鹧鸪天》）……这一些词，《宋词鉴赏词典》之类的书上都有，现在市面上鉴赏诗词的书里也反复地引录赏析，我就不多费口舌来重复了。

这里选两首，我个人比较珍爱的小晏词作：

长相思

长相思，长相思。若问相思甚了期，除非相见时。

长相思，长相思。欲把相思说似谁，浅情人不知。

生查子

关山梦魂长，鱼雁音尘少。两鬓可怜青，只为相思老。

归梦碧纱窗，说与人人道。真个别离难，不似相逢好。

这两首词，平白如话，正是词家本色，人们评说晏小山"其语皆有味，浅语皆有致"，此处可为见证。像"真个别离难，不似相逢好"，粗看起来，这不是傻傻的大实话吗？但细细品味，却能深切地体会到小晏的样子，那被相思折磨得近乎麻木后痴绝的样子。

　　《小山集》中，有很多伤心的句子，如："相思本是无凭语，莫向花笺费泪行"；"此后锦书休寄，画楼云雨无凭"；"一春犹有数行书，秋来书更疏"；"飞云过尽，归鸿无信，何处寄书得？"……这让我不禁有些怀疑，是否莲、苹、鸿、云们也无情地抛下了晏小山，所以才让他如此的凄凉？也许她们只是逢场作戏的歌女，当晏家败落后就另拣高枝了。而既纯真又天真的晏小山，却始终把她们当作梦中的知己，唯一的心灵温暖。黄庭坚所说的"人百负之而不恨，己信人，终不疑其欺己"，欺之负之者，是否有莲、苹、鸿、云？

　　或许，我这样想，有些恶毒，但也许，这就是现实。因为看多了人世间的苍凉，所以不敢有太多的梦幻。而晏小山，却似乎一直在梦幻中追忆。他的词如果用三个字来概括的话，那就是"红"、"楼"、"梦"。

　　"红"，是他的那些红颜知己："羞脸粉生红"、"绿娇红小正堪怜"、"脸红凝露学娇啼"、"红脸青腰，旧识凌波女"、"尽将红泪湿湘裙"……可是，那一抹红，却随着时光的流水远逝，只能保留在他的记忆中了。

　　"楼"，是他昔日的繁华："穿针楼上曾逢"、"醉别西楼醒不记"、"十二楼中双翠凤"、"日日楼中到夕阳"、"当时垂泪忆西楼"……可是，独上高楼，望不到天涯，更盼不回往日的歌声。

　　"梦"，是他唯一的慰藉："相寻梦里路，飞雨落花中"；"梦回芳草夜，歌罢落梅天"；"几回魂梦与君同"、"梦魂随月到兰房"……只有梦里，才是小晏心灵的归宿，可以在沉醉中回味往昔的地方。

　　如果能穿越到宋代，我有一个心愿：拿一套《红楼梦》给晚年的晏几道看，想看他唏嘘着拿起案上的霜毫，写下什么样的批注。

| 横 | 绝 | 百 | 世 |

苏东坡

▷ 苏轼（1037 — 1101 年），字子瞻，又字和仲，号铁冠道人、东坡居士，世称苏东坡。眉州眉山（今属四川省眉山市）人，祖籍河北栾城，北宋著名文学家、书法家、画家。

▷ 苏轼是宋代文学最高成就的代表，并在诗、词、散文、书、画等方面取得了很高的成就。其诗题材广阔，清新豪健，独具风格；其词开豪放一派；其散文著述宏富，豪放自如，为唐宋八大家之一。苏轼亦善书法，为宋四家之一；工于画，尤擅墨竹、怪石、枯木等。

整个宋代文坛，如果推举一个最具代表性的人物，应该就是他——苏东坡。整个中国文学史上，屈指数上十位最杰出的人物，应该也有他——苏东坡。

宋代以后，也出现了不少号称诗、书、画三绝的人物，但他们和苏东坡一比，简直是荧光遇日月！要知道苏东坡可不是仅仅能写几篇看得过去的文章，吟几首说得过去的诗句，涂抹几笔卖得出去的字画，他的文章垂范后世，他的诗词冠绝百代，他的书画开宗立派。文坛中如此全知全能的人物，几千年来，也仅此一人而已。

前面说过，欧阳修其实也算得上是个"全面发展"的文学奇才了，他的诗、词、文章，也是蔚然可观，当时的文坛领袖，非其莫属。但是很"不幸"，随即出现了个苏东坡，用更耀眼的光芒掩盖了他的光彩，此事欧阳修生前早有预料，当欧阳修看到尚为年轻学子的苏轼文章时，就慨叹道："三十年后，世上人更不道著我也！"果然，还没用等到 30 年，苏轼的名气就盖过了欧阳修，成为宋代文坛最响亮的名字。

金庸小说中，常喜欢用"学究天人"这个词来赞美诸如《射雕英雄传》中的黄药师、《天龙八部》中的逍遥子等世外高人。还曾夸道："天下尽有聪明绝顶之人，文才武学，书画琴棋，算数韬略，以至医卜星相，奇门五行，无一不会，无一不精……"只看得笔者当年悠然神往，景仰不已。现在当然知道，小说毕竟是小说，那样的人基本上是不存在的。

假如真有劈空掌，我们中华武林好手何不到 UFC（无限制格斗）赛场表演一下，用不了一回合，那些体壮如牛的老外们统统吐血倒地。

纵观真实的历史人物，最接近"学究天人"这四个字的，就是苏东坡了。千年已过，尚未有一人敢说能接近他的境界。苏轼的文字，如地涌泉，喷薄而发。正如他自己所形容的："吾文如万斛泉源，不择地皆可出"，并且还说"某平生无快意事，惟作文章，意之所到，则笔力曲折无不尽意，自谓世间乐事，无逾此者"。

一般人写文章，总觉得是件苦差事，搔首捻须者有之，惶惶若病者有之，而苏东坡写起文章来，一个字："爽！"他自己写得爽，读者看得也"爽"，何以为之？正是因为苏东坡那胸中超凡的才学，看东坡居士的那支如神妙笔，我们才能真正理解，什么叫才华横溢！前人所称道的"潘江陆海"（潘岳陆机），和苏轼一比，也只是置杯则胶的坳堂杯水。

正如元好问所赞："自东坡一出，性情之外。不知有文字，真有'一洗万古凡马空'气象。"

起舞弄清影，何似在人间——高逸的东坡

李白被称为诗仙，苏轼也被称为坡仙。太白和东坡，二者的气韵是相通的。李白有诗"青天有月来几时？我今停杯一问之"，到了东坡手中，就化为"明月几时有，把酒问青天"。李白有诗"人生在世不称意，明朝散发弄扁舟"，而东坡吟道"小舟从此逝，江海寄余生"。李白寂寥

时长叹"秋风清，秋月明，落叶聚还散，寒鸦栖复惊"，苏轼孤苦时则写下"缺月挂疏桐，漏断人初静"。

无独有偶，两位当世最杰出的才子，都遭受了牢狱之灾。李白因投奔永王李璘的幕下，被系浔阳狱中，差一点被杀；而苏轼却因写诗获罪，囚于乌台（御史台），也险些丧命。有趣的是，苏轼曾在《李太白碑阴记》里专门为李白辩解，说他是受李璘的胁迫而不得不为之，其中的论点论据都不堪一驳（可参见笔者《华美大唐碎片》一书），大异苏轼集中那些明晰透彻的文字，倒和李白当年自己强加辩解的词语如出一辙（《为宋中丞自荐表》），应该是出于对李白超常的偏爱吧。

所以，有时我不禁怀疑，难道苏轼是李白转世而来吗？李白有诗"举杯邀明月，对影成三人"，苏轼取来入词"我醉拍手狂歌，举杯邀月，对影成三客"，是如此的妥帖自然，仿佛那就是自己的词句，不必外求。诗仙、坡仙果为一身？

当年的苏轼似乎也有所感，他曾夜着羽衣，伫立于徐州的黄楼上，一时间，飘然直欲升仙而去。他临风感叹道："以为李太白死，世间无此乐三百余年矣。"

是的，三百多年了，没有谁能在文章中重现过太白的神魄。所以，最了解苏轼的黄庭坚在《寒食诗帖》上写道："东坡此诗似李太白，犹恐太白有未到处……"。

"大江东去，浪淘尽，千古风流人物"，这包罗万有、吞食天地的气度，曾经在李白笔下激荡过，如今又赋予了东坡。经历了"乌台诗案"后的苏轼，在人生的低谷黄州，却吟出宋代词坛中最巅峰的句子。

我们学语文，一学宋词，当然就少不了有苏轼、辛弃疾他们的豪放词。然而，正如苏轼写的笑话集《艾子杂说》中的故事一样，富家的儿子天天吃现成的白米，不知道米从哪里来，他以为米就是从布袋里生出来的。而不少初学者，对豪放词的感觉，也大体如此。要知道，词这种体裁，原来只是款款唱来的清词丽句，无非是离愁别恨，男女燕婉之私。只有到了苏轼的手里，这才脱胎换骨。词的境界一下子开阔起来，走入一个新天地。正所谓"词至东坡，倾荡磊落，如诗，如文，如天地奇观"。

诗词到了宋代，偏重纤巧精致，远输盛唐时那种奔放如滔滔江河的风采，但唯有苏轼的文字例外。陆游在《老学庵笔记》里盛赞过："试取东坡诸词歌之，曲终，觉天风海雨逼人。"

依我看，苏轼的诗词文章，酣畅淋漓之处，恰好可以用他的《百步洪》一诗中的句子来形容："有如兔走鹰隼落，骏马下注千丈坡。断弦离柱箭脱手，飞电过隙珠翻荷。"

让我们来分享《有美堂暴雨》这一首诗：

游人脚底一声雷，满座顽云拨不开。天外黑风吹海立，浙东飞雨过江来。

十分潋滟金尊凸，千杖敲铿羯鼓催。唤起谪仙泉洒面，倒倾鲛室泻琼瑰。

这首诗，虽然是七律，但写得奔放狂恣，丝毫没有被格律缚住的痕迹。这其中的天风海雨之势，丝毫不输于李白的"一风三日吹倒山，白浪高于瓦官阁"之类的句子。"唤起谪仙泉洒面"——当年的李白，醉酒沉酣后被抬进宫中，玄宗皇帝命宫女们用清泉水洒在他的脸上，为他醒酒。然后，李白一挥而就，写成三首溢彩流光的《清平调》。

　　如今这点点清凉的雨滴，落在苏轼的脸上，难道勾起了他前生的记忆？

　　苏轼有一首《念奴娇》，写中秋的感触，虽不如"明月几时有，把酒问青天"那一篇更有名，但这首词细品之下，更加清空无迹，飘飘然、泠泠然，有缕缕仙风仙韵缭绕其中：

　　凭高眺远，见长空万里，云无留迹。桂魄飞来光射处，冷浸一天秋碧。
　　玉宇琼楼，乘鸾来去，人在清凉国。江山如画，望中烟树历历。
　　我醉拍手狂歌，举杯邀月，对影成三客。
　　起舞徘徊风露下，今夕不知何夕。便欲乘风，翻然归去，何用骑鹏翼。
　　水晶宫里，一声吹断横笛。

　　很多人只了解东坡的豪放，却没有深刻体味到东坡笔下清逸无尘、神清骨秀的神仙气度。"世事一场大梦，人生几度秋凉"；"高情已逐晓云空，不与梨花同梦"；"拣尽寒枝不肯栖，寂寞沙洲冷"……这样的句子，除非身有仙才，如何吟得出？正如黄庭坚所说："非胸中有万卷书，笔下无一点尘俗气，孰能至此？"窃以为，学东坡词中的豪放雄健容易，学他脱尘离俗的仙家气度却难。

　　东坡曾高吟"青衫破，群仙笑我，千缕挂烟蓑"，太白是谪仙，苏轼又何尝不是谪仙？

一蓑烟雨任平生——旷达的东坡

说起飞扬跋扈，目空一切的神采，似乎太白更为胜之。但在宋代普遍循规蹈矩的风气下，苏轼已经是太鹤立鸡群了，在俗人们眼中非常"不合时宜"。

《梁溪漫志》中说：苏东坡一日退朝后，吃得饱饱的，拍着肚皮散步，对左右侍婢们说："你们说说看，此中所装何物？"一婢女应声道："都是文章。"苏轼不以为然。另一婢女答道："满腹智慧。"苏轼也连连摇头。只有侍妾朝云回答说："学士一肚皮不合时宜。"苏轼才捧腹大笑。

要不后来苏轼感慨："不合时宜，唯有朝云能识我。"王朝云，原为苏轼第二个妻子王闰之在杭州时买的丫头，后来成为苏轼的妾，虽然在名分上朝云一直没有被扶正，但她却堪称苏轼的红颜知己。确实，苏轼一生，始终是个不合时宜的人物。他才学高卓，但在人情世故上的见识却纯真另类，和那些官场油条们简直是两个世界的人，加上他又心直口快，难免不惹人嫉妒。

王安石编《字说》，他讥笑"滑"字难道是水之骨吗？司马光执意全盘恢复旧法，他又叹息是另一位"拗相公"，并称其为"司马牛"（本是孔子弟子之名，但此处苏轼是说司马光有牛一样的倔脾气）；邵雍为司马光殡葬时，苏轼又"不合时宜"地打趣讥讽，结果又把邵雍给惹恼了……

其实，东坡并非有意和他们过不去，只是他的性格旷达磊落，根本就没想到无意间就得罪了人。正像一个天真烂漫的孩童，总是不留情面地揭开"皇帝新装"的秘密。别看苏轼才高八斗，但在世态人情方面的心智始终像个孩子。

于是，苏轼就成了历史上以诗文获罪的第一人，"乌台诗案"大概就是历史上最早的一次文字狱。在狱中，他屡受恐吓诟辱，当真是"梦绕云山心似鹿，魂飞汤火命如鸡"。虽然，最后死罪饶过，但是活罪难免，他被贬斥到黄州，在这里，他有职无权（不得签书公事），还不发"工资"。

在黄州，苏轼过得非常艰苦——"空庖煮寒菜，破灶烧湿苇"，他在《答秦太虚书》中写道："初到黄，廪入既绝，人口不少，私甚忧之，但痛自节俭，日用不得过百五十。每月朔，便取四千五百钱，断为三十块，挂屋梁上。平旦，用画叉挑取一块，即藏去叉"。

从这封写给秦观的信中，不难看出东坡当年的困窘。来到黄州后，家里人口很多，收入几乎没有，每天用钱不敢超过一百五十个铜钱（约合45元左右），为了怕自己花钱不节制，把钱放在高高的屋梁上，还把挑钱用的画叉藏起来，以免手痒时再取。

人们形容没钱的难处时，常说"一分钱掰成两半花"，看苏轼此刻的情景，确实也到了如此地步。为了省钱，苏轼只好亲自开垦东面那块50亩的废弃坡地，所以才有了东坡居士之名。

在黄州，苏轼极为落魄，有次走在街上，撞见一个醉汉，不由分说就将东坡先生推倒在地，苏轼初时极为恼火，但不一会就自我宽解说，现在大家都不知道我的名气了，这是好事啊——"轼自喜渐不为人识"。

在这里，苏轼连一日三餐都难以为继，吃惯了鸡鸭鱼肉，再吃野菜粗粮，好多人是无法下咽的。苏轼一开始也吃不惯，但乐观的他发明了一个办法："菜羹菽黍，差饥而食，其味与八珍等"（《答毕仲举书》）——

先饿自己，等饿得实在受不了，再来吃那些粗劣的饭菜，那滋味，和国宴上的猩唇、驼峰、鲍鱼、燕窝什么的一样好吃！

这就是一直豪爽乐观的苏轼！后来他被贬到惠州市时，当地经济落后，市肆寥落，全城一天才杀一头羊，这只羊身上最好的部分，当然由地方长官们享用了，苏轼作为一个有罪的贬官，哪里敢抢购？于是他只好买人家剔了肉的羊脊骨，苏轼写文章给弟弟苏辙说："骨间亦有微肉……随意用酒薄点盐炙，微焦食之……如蟹螯逸味。"苏轼饶有兴致地剔羊脊骨间一星半点的碎肉来吃，还觉得和吃螃蟹一样有滋有味。他对弟弟说，你在京城每天大块吃肉，却不能领略此间的妙趣啊。我这方法很好，你可以试一下，就是苦了那些等剩肉碎骨吃的狗儿了。

不少人只知东坡的豪放，却不知东坡的诙谐；有人知道东坡的诙谐，却不知东坡的诙谐是发于他最艰难的逆境之中。

《惠州一绝》这首诗大家都知道："罗浮山下四时春，卢橘黄梅次第新。日啖荔枝三百颗，不妨长作岭南人。"当时初读这首诗，只觉得诗中欢喜无限，还以为苏轼是去广东公费旅游，住星级宾馆，免费吃荔枝哪。如今才知道，当时朝中的政敌，是把苏轼贬到穷山恶水、瘴气丛生之地，是想要他的命！

当时的岭南一带，蛮荒未化，人们到了此处，缺医少药，往往有去无回。像一代名相寇准，被贬雷州后，不到一年多，就郁郁病死。所以当时有个段子，叫"春、循、梅、新，与死为邻；高、窦、雷、化，说着也怕"。所谓"春、循、梅、新"什么的，都是当时的州名，例如梅州是现在的广东梅县，雷州就是现在雷州市，别看今天都是经济发达的好地方，当时可是所谓的"八州恶地"——"风之寒者，侵入肌窍；气之浊者，吸入口鼻；水之毒者，灌于胸腹肺腑，其不死者几稀矣"。来到这里，等于一只脚踏入了鬼门关。

然而，东坡却写下了上面那首荔枝诗，还说"不妨长作岭南人"，这里也挺好嘛。又宽解自己说："譬如惠州秀才，累举不第，有何不可？"假如自己一开始就生在惠州，又是个久考不中的老秀才，不和现在的情况一样吗？何况自己还当过翰林学士，见识过玉堂金马的气派，行啊，知足了。所以苏轼依然过得很安稳，写诗说"报道先生春睡美，道人轻打五更钟"。结果朝中那些坏家伙们一听：好嘛，苏大胡子还挺自在！干脆又把苏轼贬到更远的海南岛上去。

然而，据《清暑笔谈》记载，苏东坡在海南岛吃到了蚝肉，觉得美味极了，写信给朋友说："无令朝中士大夫知，恐争某南徙，以分此味"——别让朝中那些达官显贵们知道，我怕他们想抢着来海南，争我的蚝肉吃。其实，这无非是苦中作乐的幽默罢了。实际上，在海南，苏轼过得非常艰苦，他记载道："海南连岁不熟，饮食百物艰难，及泉、广海舶绝不至，药物鲊酱等皆无，厄穷至此，委命而已。"

当时的海南，野草乱木杂生，是一片未开化的荒原，粮食、药物都要从大陆运来，天气不好，航运中断时，那苏轼就会三餐难继。有了病，连大夫也找不到。然而，苏轼却自我宽解道，在京师，常有糊涂医师下错药吃死人的事情，在这里好，倒是远离了这样的危险。

正是凭着这样一股倔强乐观的精神，苏东坡于六十多岁的高龄万里投荒，竟然还能等来赦诏回还的那一天。所以，苏轼征服我们心灵的，不只是那些辉煌的辞章、绝妙的书画，还有那宠辱不惊、百折不挠的人格魅力。

　　苏轼在惠州写下的这篇短文《记游松风亭》曾给了我很多的感触和启示：

　　余尝寓居惠州嘉佑寺，纵步松风亭下。足力疲乏，思欲就亭止息。望亭宇尚在木末，意谓是如何得到？良久，忽曰："此间有什么歇不得处？"由是如挂钩之鱼，忽得解脱。若人悟此，虽兵阵相接，鼓声如雷霆，进则死敌，退则死法，当恁么时也不妨熟歇。

　　这里之所以全文引录，是因为这篇文字实在是太精彩，如果只看我的转述，体味不到东坡笔力的精妙处。苏轼说，在惠州时，他想登上山，到高处的松风亭上歇一歇脚，但看亭子还在树梢间隐现，一时哪里走得到？苏轼踌躇良久，突然豁然开朗，为什么非要到亭上去休息呢，我在这里坐下来不一样休息？所以，如同佛家中的顿悟一般，苏轼想明白了。懂得了这些，就算是在刀兵相接的战场上，向前冲会死到敌人手里，向后退要被督战队砍了头，那也不妨先什么也不管，让心情歇一歇。

　　这个故事，对于现在精神压力极大的现代人，可谓教益良多。生活在快节奏的今天，很多人常常疲惫不堪，得不到休息。常常想，我做完这一件事情后，就放松一下，但事情一件接一件，不得喘息。我们何不这样想，为什么非要做完某些事情，达到某个目标才能松弛一下？就算是既有业绩考核压头，又有还房贷涨物价追命，我们也不妨随时放松心情——"此间有什么歇不得处？"

　　东坡先生的这一首《定风波》，也平定了千百年间人们心中的无数次风波：

定风波

三月七日沙湖道中遇雨。雨具先去，同行皆狼狈，余独不觉。已而遂晴，故作此词。

莫听穿林打叶声，何妨吟啸且徐行。

竹杖芒鞋轻胜马，谁怕？一蓑烟雨任平生。

料峭春风吹酒醒，微冷，山头斜照却相迎。

回首向来萧瑟处，归去，也无风雨也无晴。

"一蓑烟雨任平生"，这样的情怀，感染了多少人？劝慰了多少人？直至如今，我们在被现实的铅云压得难以喘息时，还是借来东坡这一杯酒，浇去心中的块垒。

笑人还自笑——幽默的东坡

谈起东坡的幽默，我想从解读东坡的这一首词说起：

蝶恋花

花褪残红青杏小。燕子飞时，绿水人家绕。

枝上柳绵吹又少。天涯何处无芳草。

墙里秋千墙外道。墙外行人，墙里佳人笑。

笑渐不闻声渐悄，多情却被无情恼。

　　这首词也是苏轼的名篇，对宋词稍有涉猎者也不会陌生。但是我曾经解读说：这"墙里秋千墙外道。墙外行人，墙里佳人笑"几句，和现在流行歌曲《对面的女孩看过来》中的意思很有相似之处，很多朋友却强烈抗议。因为按教科书或严肃学术专著上的说法，苏轼这首词中的"佳人"、"行人"啦，都隐藏着政治喻义哪，照笔者这样的说法，那不成了游春泡妞的荡子一般了，这还是在人们心里只能仰望的苏东坡吗？

　　然而，苏轼是多层面的，他天生幽默风趣，有时甚至显得有些调皮。南怀瑾甚至说他就该叫"苏东皮"。他在科举考试那样重要的文字中，竟然自己杜撰了一个刑官皋陶想杀某人，尧却再三宽宥的"典故"，把座师欧阳修都骗了。好在欧阳修是个见识高卓、胸襟开阔的大儒，这要碰到一个小肚鸡肠的家伙，好嘛，敢拿主考开涮？非把苏轼黜落了不可。

　　还有一次，年老的欧阳修和苏轼闲谈，欧阳修说："听说乘船时遇到风浪之险，吓出病来的人，可以用这样的方法治：找来被老船工手汗经年浸过的木舵，刮点粉末，加上丹砂、茯神等药物，吃下去就好了。"

　　苏轼生性喜欢反驳别人，听了就打趣道："要是这么说啊，我们把笔墨烧成灰给学生们喝，他们就聪明了；把伯夷的洗脸水给官员们喝，可以治贪婪；吃比干的剩菜剩饭，就能够治好奸伪；舔樊哙的盾牌，就能够治好胆怯；闻西施的耳环，就能够美容了。"欧阳修听了，捧腹大笑。

　　现在我们在 QQ 上聊天，经常打"呵呵"两字，殊不知大文豪苏轼居然在给朋友写信时，也常用这二字。试举几例：

《与鲜于子骏简》中写道："近作小词，虽无柳七郎风味，亦自是一家。呵呵。"

《与陈季常书》："一枕无碍睡，辄亦得之耳。公无多奈我何，呵呵。"

《与文与可书》："不尔，不惟到处乱画，题云与可笔，亦当执所惠绝句过状索二百五十匹也。呵呵"。

文中的"呵呵"两字，无形中拉近了我们与东坡先生的距离，让我们感觉到一个不但可敬，而且可亲的苏东坡。实际上，东坡居士的性格着实温和可亲，平易近人。他曾说："上可陪玉皇大帝，下可以陪卑田院（收容所）乞儿。眼前见天下无一个不好人。"可见东坡先生是一点架子也没有的。

苏轼经营和同事们一起恶搞，有个叫顾子敦的翰林学士，是个大胖子，苏轼就戏称他为屠夫，于是有诗写道："我友顾子敦，躯胆两俊伟。便便十围腹，不但贮书史……磨刀向猪羊，酾酒会邻里……"其中的"磨刀向猪羊"，貌似夸他好客，实质上是打趣他像屠夫。

还有一次，正值夏天，胖子爱困，顾子敦就脱光了膀子，趴在桌上呼呼大睡起来。苏东坡见状，就悄悄在桌上写了"顾屠肉案"四个大字，引得众人纷纷嘻笑，苏东坡又掏出几十枚铜钱，"锒铛"一声扔在桌上，顾子敦突然被惊醒，苏轼仿照买肉时的口吻喝道："快给我快刀批四两好肉来！"众人不无失笑。

苏轼不但和朋友们经常打趣调笑，就连和弟子黄庭坚、秦观、张耒等人也是没上没下的开玩笑，没有半点师尊的架子。比如，他和黄庭坚议论彼此书法，他说黄的字写得偏长，好像是"树梢挂蛇"，而黄庭坚也不客气，说苏轼的字扁得像"石压蛤蟆"。不要说在最讲究"天地君亲师"的古代，现在的研究生、博士生们敢当面嘲笑导师的作品吗？

苏东坡对那些红巾翠袖们，更是态度温和诙谐。有一次，苏东坡过润州，太守设宴款待他，席间召集好多名歌妓侍酒，其中一人高唱黄庭坚写茶的词，当唱到"惟有一杯春草，解留连佳客"时，苏东坡故意装成了"赵本山"，呆头呆脑地喃喃自语道："原来却是留我吃草。"那些歌妓听了，笑得前仰后合，有一个女子正好站在苏东坡身后，就扶着他坐的椅子弯着腰大笑，不想这张椅子质量不好，一下子折断了，苏东坡连人带椅翻倒在地，宾客们哄堂大笑。

苏轼在徐州当太守时，有一个官妓名叫马盼，既聪明又美丽。她非常仰慕苏轼的学识，私下里经常悄悄地摹写苏轼的字体，竟然也能学得差不多。苏轼在徐州，盖了一座名为"黄楼"的台阁。正拟写《黄楼赋》准备刻碑时，这个马盼悄悄地替苏轼在纸上写了"山川开合"四字，苏轼见了不但没有发怒，反而大笑，稍加润色后就保留下来，后来流传百世的碑铭上，这四字就是马盼手书的。

苏轼的幽默，有很多沉淀在他的诗文中。而且，好多幽默咀嚼之后，就是讽刺，为什么有时候我们觉得好多相声、小品什么的，好像是挠痒痒式的逼人发笑？正是因为其中只有所谓的幽默，没有讽刺。讽刺好比是提味的辣椒，开胃的烈酒，离开讽刺，自然寡淡无味。

弟子黄庭坚最了解苏轼的文字了，所以他曾说"东坡文章短处在好骂"，此处所谓的"短处"二字，也是春秋笔法，不可呆看。"嬉笑怒骂皆成文章"，这一句话，最早在我的印象中，是用来称赞鲁迅的，但溯其出处，源于黄庭坚所写的《东坡先生像赞》："东坡之酒，赤壁之笛，嬉笑怒骂，皆成文章……"。

东坡有一首著名的《洗儿诗》："人皆养子盼聪明，我被聪明误一生。惟愿孩儿愚且鲁，无灾无难到公卿。"打趣之余，却透出一份抑郁不平之意。苏轼的《艾子杂说》，初读但觉好笑，细读下也全是讽刺，比如：

艾子浮于海，夜泊岛峙中。夜闻水下有人哭声，复若人言，遂听之。其言曰："昨日龙王有令：'应水族有尾者斩。'吾鼍也，故惧诛而哭；汝蛤蟆无尾，何哭？"复闻有言曰："吾今幸无尾，但恐更理会蝌蚪时事也。"

龙王有令，有尾巴的都要杀，乌龟当然害怕，就连蛤蟆也害怕，怕的是追究当年它还是蝌蚪时有过尾巴。这对当时大兴刑狱、瓜蔓相抄、株连甚众的当权者，讽刺相当尖刻。

自笑平生为口忙——馋嘴的东坡

前面说过，苏东坡胸中才学包罗万有，除了不会武功外，在杂学旁收方面实在很类似武侠小说中黄药师那样的人物。而他还有个特点，就是嘴馋，这点又类似老叫花洪七公。

苏东坡有诗道："自笑平生为口忙，老来事业转荒唐。长江绕郭知鱼美，好竹连山觉笋香……"仔细看苏轼好多诗，常常离不开吃的东西，像什么"五日一见五花肉，十日一遇黄鸡粥"、什么"青浮卵碗槐芽饼，红点冰盘藿叶鱼"——四句诗四样菜。这些不说，单说我们课文学过的，像什么"日啖荔枝三百颗"、"卢橘杨梅次第新"、"橙黄橘绿时"、"水暖鸭先知"、"河豚欲上时"，中间都能找出"食品"来。

东坡不但喜欢吃，还自己花心思研究"吃"。流传至今的"东坡肉"就是他的"伟大发明"之一。苏轼在黄州时，看到猪肉相对便宜，于是就发明了慢火炖红烧肉这样的吃法。并写诗为记：

净洗铛，少着水，柴头罨烟焰不起。待他自熟莫催他，火候足时他自美。

黄州好猪肉，价贱如泥土。贵者不肯吃，贫者不解煮。

早晨起来打两碗，饱得自家君莫管。

此外，苏东坡还发明了"竹笋炖猪肉"，并饶有兴致地写下这样一首充满调谑意味的诗："宁可食无肉，不可居无竹。无竹令人俗，无肉使人瘦，不俗又不瘦，竹笋焖猪肉。"

竹，雅物也，猪，俗物也。东坡嗜竹亦嗜猪，可谓大俗大雅。当然苏轼发明的东西也不是全成功，也有失败的。据说，苏轼在黄州时研制的"蜜酒"，"饮者皆暴下"——喝了的无不严重腹泻。

东坡先生有一篇《老饕赋》，写得我垂涎欲滴：

庖丁鼓刀，易牙烹熬。水欲新而釜欲洁，火恶陈而薪恶劳。九蒸暴而日燥，百上下而汤鏖。尝项上之一脔，嚼霜前之两螯。烂樱珠之煎蜜，溜杏酪之蒸羔。蛤半熟而含酒，蟹微生而带糟。盖聚物之天美，以养吾之老饕……

　　这篇赋写得不够浅白，我给大家解读一下，大意是说：做饭菜，要用庖丁解牛一样神妙的刀工（笔者刀工就不行，土豆丝都切不好），用名厨易牙一样高超的烹调方法。水用最新鲜纯净的，锅刷得干干净净，火候用得急慢有度，做菜的材料蒸了晒，晒了煮（好比张铁林所夸的"乌江三榨"：一榨，还原天然柔韧；二榨，浓香入骨入髓；三榨，鲜、香、嫩、脆无穷回味……）。取牛羊脖子上最好的那一块，吃落霜前最肥的大螃蟹。樱桃煮烂后，像蜜一样香甜，羊羔浸上杏酪，更是可口无比。浸了酒的蛤蜊半熟，糟过了的螃蟹微生，把万物中最美妙的滋味，供养我这个馋嘴的老饕（饕餮是传说中什么都吃的怪兽）……

　　由此可见，苏轼堪称是一个很内行的美食家。除了大鱼大肉，苏轼对各种菜蔬的吃法，也是极有心得。他曾经煮蔓青、芦菔、苦荠等野菜来吃，而且说"其法不用醯酱，而有自然之味"——也不加醋酱什么的，保持其天然的味道。并用山芋来煮饭，名之为玉糁羹，苏轼说"色香味皆奇绝，人间决无此味也"，并写诗道："香似龙涎仍酽白，味如牛乳更全清。莫将北海金齑脍，轻比东坡玉糁羹。"

　　说句题外话，如今广东美食最多，所谓"毒蛇作羹，老猫炖盅，斑鱼似鼠，巨虾称龙，肥蚝炒响螺，龙虱蒸禾虫，烤小猪而皮脆，煨果狸则肉红"，大概就是东坡的"老饕遗风"。

　　饭菜之外，还有茶酒。前面说过，著名茶道专家蔡襄精制的好茶，让王安石端起来服药用了。而苏轼，对于饮茶之道是十分在行的，他有诗《试院煎茶》："蟹眼已过鱼眼生，飕飕欲作松风鸣。蒙茸出磨细珠落，眩转绕瓯飞雪轻……"其中的"蟹眼"、"鱼眼"什么的，都是煎茶时的"术语"（见于蔡襄的《茶经》），形容水沸时水泡的样子。由此可见，苏轼对于茶道那是相当内行的，他有一句诗，叫"从来佳茗似佳人"，历来为嗜茶者称道引用。

苏东坡的诗词文赋中，是经常提到酒的，像什么"明月几时有，把酒问青天"、"夜饮东坡醉复醒"、"有客无酒，有酒无肴，月白风清，如此良夜何？"等等，就不用多列举了，而且苏东坡对自己酿酒颇为热衷，写有《东坡酒经》一文，专门介绍酿酒时的心得，并写有《蜜酒歌》《桂酒颂》《酒子赋并引》《浊醪有妙理赋》等好多关于酒的"学术论文"。

然而，据苏东坡自己说（出于《东坡志林》），他的酒量却浅得很："吾少时望见酒杯而醉，今亦能饮三蕉叶矣"。所谓"蕉叶"，是指最小号的酒杯。宋代陆元光《回仙录》中说过："饮器中，惟钟鼎为大，屈卮螺杯次之，而梨花蕉叶最小"。假如"钟鼎"是喝扎啤的大杯子，"屈卮螺杯"是喝葡萄酒的那种杯，那"蕉叶"就是最小的酒盅了。

宋代还没有普及烧酒技术，酒精度最多和现在的啤酒相当（所以鲁智深可以喝上半桶酒），而苏轼喝这样的酒还只能喝三小盅，实在是太差劲了，要是俺穿越过去，带两瓶67度衡水老白干，恐怕一开瓶东坡先生就立马晕菜了。还有，苏轼虽然是全才，但是他不大懂围棋，我走个"大雪崩"定式，肯定让东坡先生瞠目认输，输了就给我写幅字，我再带回到今天来，那可是价值连城……闹钟响了，唉，好梦被惊，人生郁闷之一啊！

天女维摩总解禅——多情的东坡

苏轼平生好佛、好道，但以他的本性，却始终无法专注。无他，只因"多情"二字耳。宋代文人篇牍极多，但为自己的妻子吟诗作词者极少，柳永、欧阳修、晏几道他们平生艳词无数，哪有一篇是写给老婆的？往后数，也就有个陆游，那还是"失去了才懂的珍惜"——被迫与唐琬离婚后才写的。

苏轼的结发妻子叫王弗，16岁时，就嫁给了年方19岁的苏轼。她聪颖美貌，知书达礼。她陪伴苏轼读书，并且帮他鉴别所交往的朋友。我们前面说过，苏轼这个人大大咧咧，无论什么人，他都看作是"好人"，亲热得不行。但王弗时刻提醒他，什么人性格耿直坦诚，可以密交；什么人褊狭狡诈，不可亲近。唉，假如王弗能始终陪在苏轼的身边，不知道是不是能免去"乌台诗案"之祸？

可惜的是，27岁的王弗早早地病死在东京，她心中肯定有很多的不舍，不仅仅惦记着年仅6岁的儿子苏迈，苏轼这个天真冲动的"大孩子"同样让她放心不下。不过值得欣慰的是，她见证了苏轼的青春岁月，见到了苏轼扬名京师，高中金榜。她不知道，苏轼会变成那个"拾瓦砾，种黄桑"、"今年刈草盖雪堂，日炙风吹面如墨"的苏东坡。在她的憧憬中，苏轼的未来是烂漫如锦的，她不知道乌台之狱，也不知道黄州、惠州的风雨坎坷在迎接命运多蹇的苏东坡。

苏轼对王弗情深意切，这一首为她写的悼亡词，是传世名篇：

江城子　乙卯正月二十日夜记梦

十年生死两茫茫。不思量，自难忘。千里孤坟，无处话凄凉。

纵使相逢应不识，尘满面，鬓如霜。

夜来幽梦忽还乡。小轩窗，正梳妆。相顾无言，惟有泪千行。

料得年年肠断处，明月夜，短松冈。

失去了王弗，苏轼也失去了心灵的依托，这首词读来字字真切，绝非那种"为文造情"的无病呻吟，所以感人至深，伤心千古。

不过我友曾写过一篇叫《伪情之说》的文章，其中说："曾想如有谁为我写'十年生死两茫茫，不思量，自难忘'，即便是九泉之下，我也必会流淌出眼泪来。却在泪过之后才知，任是断肠年年，纵是尘满面，鬓如霜，也抵不过那'墙内秋千墙外道，墙外行人，墙内佳人笑'的旖旎风情来得香熏人醉去。"

这里她对苏轼未免过于苛责了，我们不能按王维"守节"终生的标准要求每一个人。如果按这样说，女词人李清照还一转眼就嫁了张汝舟，何人责备她：尚记"归来堂"中赌茶泼得满身香否？

王弗死后三年，苏轼守丧期满，续娶了王弗的堂妹王闰之。她比苏轼小 11 岁，出嫁时她年方 22 岁，苏轼 33 岁。此后，她陪伴苏轼走过大风大浪、大起大落的 25 年，为苏轼生下两个儿子。

王闰之的见识和才学都不及王弗，但她生性贤惠，很善于持家。苏东坡词中写过"家童鼻息已雷鸣"，其实他打起呼噜来，也丝毫不"逊色"。尤其是喝了点酒后，东坡自云："予饮少辄醉卧，则鼻鼾如雷，傍舍为厌，而己不知也"——连邻居都震得睡不着觉，厉害吧。但王闰之只能慢慢习惯，据说后来苏轼被抓走了，王闰之听不到鼾声，却睡不着觉了。

在黄州，苏轼过得极为艰难，而王闰之千方百计为他着想，照料他的生活，苏轼虽然酒量不高，但生性喜欢热闹，喜欢和朋友相聚，《后赤壁赋》中曾有这样一段大家熟知的文字：

"客曰：'今者薄暮，举纲得鱼，巨口细鳞，状似松江之鲈。顾安所得酒乎？'归而谋诸妇。妇曰：'我有斗酒，藏之久矣，以待不时之需。'于是，携酒与鱼，复游于赤壁之下。"

你看，苏轼就知道王闰之是有准备的，当时正是苏轼一个铜钱都想掰开花的窘迫时候，王闰之却能想办法弄来酒，帮他收藏起来，并在恰当的时候拿出来，可见其理家的能力。甚至可以这样说，假如没有这一坛酒，有没有《后赤壁赋》还两说呢？

但王闰之也有让苏轼不满意的地方，"乌台诗案"发生后，王闰之一怒之下，把苏轼的诗文集都烧了，王闰之说"写这样东西有什么用处，却让我如此担惊受怕"，于是就几乎全烧了。

有人为王闰之辩解，说是当时御史台派人截住了她们的坐船，进行搜查，企图再找苏轼的诗稿、书信等"犯罪证据"，因为王闰之有先见之明，所以没有被"当局"查抄到什么。这样一说，王闰之这个做法倒成了精明之举了。

然而，据苏轼自己所写："州郡望风，遣吏发卒，围船搜取，老幼几怖死。既去，妇女患骂曰：是好著书，书成何所得，而怖我如此？悉取烧之。比事定，重复寻理，十亡其七八矣。"我们看，这时间顺序是查抄在先，焚稿在后，所谓"妇女恚骂"，应该就是王闰之骂的，恨苏轼写这些"没用的东西"惹祸。不过，看样子，苏轼也没有怎么责怪她。

王闰之和苏轼过得久了，也沾染上不少的诗情雅意。据《侯鲭录》记载：元祐七年，苏轼当颍州太守时，庭院前梅花盛开，月色霁清，王闰之对苏轼说："春月胜于秋月色，秋月让人惨凄，春月令人和悦。可召赵德麟辈饮此花下。"苏东坡大喜，对王闰之说，你虽然不会写诗，但说的这番话真像诗人笔下语啊——"此真诗家语也"！（这个故事，网上和不少资料里错当成是王弗的故事，但细考《侯鲭录》，时间和地点都是苏轼 57 岁时的事情，所以此处的王夫人，应是王闰之。）

王闰之病逝于苏轼仕途时的顶峰，当时苏轼受皇太后器重，任职为端明殿学士兼翰林侍读学士、左朝奉郎、礼部尚书。所以王闰之的葬礼极其隆重，可谓倍享哀荣。

苏轼似乎并没有专门为王闰之写过诗句，只是在她死后的祭文中写道："已矣奈何，泪尽目干。旅殡国门，我实少恩。唯有同穴，尚蹈此言。"难道是在王闰之离开他之后，他才感觉到王闰之多年来对他无微不至的照顾？

10 年之后，苏轼去世后，他确实是和王闰之合葬在一起。

王闰之去世后，没过一年，苏轼的命运就急转直下，被贬到荒远的惠州，开始了他最后 10 年的"南漂"生活。此时陪伴他的，就只有王朝云。

王朝云是苏轼任杭州通判时就来到苏家的，当时她年仅 12 岁，先是当王闰之的丫头，后来就成了苏轼的侍妾。朝云长得非常漂亮，据秦观眼中看来，那是"美如春园，目似晨曦"。古时候虽然"男女授受不亲"，但朝云是侍妾的身份，秦观他们作为苏门弟子，还是有机会见到的。

朝云这个名字，大概是源自白居易的诗"来如春梦几多时，去似朝云无觅处"。然而，朝云却相伴苏轼23年，一直陪他远赴岭南，正可谓"待浮花浪蕊都尽，伴君幽独"。这句词，虽然苏轼并不是写给朝云的，但唯有朝云当之，庶几无愧。

不过，苏轼写给王朝云的诗文，可真不少，有道是"妻不如妾"，看来苏轼对朝云的感情尤为笃厚。

苏轼被贬，远去南国荒野，别的姬妾都"各自须寻各自门"，自作打算去了，唯有年方三十多岁的朝云，坚决要追随苏轼这个六十多岁的老头子，到岭南受苦。苏轼感激之余，写下这样一首《朝云》诗：

不似杨枝别乐天，恰如通德伴伶玄。阿奴络秀不同老，天女维摩总解禅。

经卷药炉新活计，舞衫歌板旧姻缘。丹成逐我三山去，不作巫阳云雨仙。

苏轼太博学了，诗中不免典故用得太多，解读起来很麻烦。都说辛弃疾喜欢"掉书袋"，苏轼也"善"，只不过他多是用在诗中。第一句是说朝云不像白居易的侍妾樊素那样在他老的时候离开了，倒像是汉代宫女樊通德后来嫁给伶玄做妾，两人经常谈论诗文，相伴终老。伶玄所著的《飞燕外传》一书，就是樊通德提供的素材。

据东坡先生自己说，朝云一开始不识字，"晚忽学书，粗有楷法"，所谓"粗有"，是自谦之词，事实上，朝云在苏轼的熏陶下见识也并非等闲之辈了。

"阿奴络秀不同老"用《晋书·列女传》故事，络秀嫁给周浚，生了三个儿子，其中小儿子阿奴最为稳重，适宜陪伴母亲身边。顺便提一下，清代贺裳是个糊涂虫，他在《载酒园诗话》中质疑道："阿奴乃络秀之子，与伶玄、乐天不伦，可谓大谬"——络秀和阿奴是母子关系，这样一比，朝云不成了苏轼的妈了？其实，苏轼是说的朝云为他生的那个叫苏遁的儿子（著名的《洗儿诗》就是为此儿所作），没有长成就夭折了，那可是朝云将来的依靠啊！苏轼这时还惦念着如果他死了，朝云就没有依靠了，可没有想到，比他年轻27岁的朝云竟死在了前面。

"天女维摩总解禅"以下句子，是说朝云和他都修道学佛，以求身体上的康健，精神上的解脱。据记载，此时的东坡，和朝云虽朝夕相伴，却已经断绝了男女之事，所以才有"舞衫歌板旧姻缘"、"不作巫阳云雨仙"之类的说法。

到了惠州没多久，朝云就染上了瘟疫，临死前，她念着《金刚经》中的句子："如梦幻泡影，如雾亦如电。"她死后，苏轼身边就再也没有过女人陪伴，他在《悼朝云》的诗中写道："伤心一念偿前债，弹指三生断后缘"，朝云是东坡生命中那最后一抹红云。

"春衫犹是，小蛮针线，曾湿西湖雨"，苏轼再穿起那件朝云缝制的春衫时，情何以堪！

苏轼将朝云葬在惠州栖禅寺松林中，并在墓上筑了一亭遮风挡雨，名为"六如亭"，取世事"如梦、如幻、如泡、如影、如露、如电"之意。

苏轼这一首《西江月》，字面上是写惠州梅花，实质上正是悼念他一生的红颜知己——朝云：

　　玉骨那愁瘴雾，冰肌自有仙风。海仙时遣探芳丛，倒挂绿毛幺凤。

　　素面常嫌粉涴，洗妆不褪唇红。高情已逐晓云空，不与梨花同梦。

曹雪芹在《红楼梦》第二回里借贾雨村之口评说"正邪二气"时，列出一大堆才子才女的名单，其中说："卓文君、红拂、薛涛、崔莺、朝云之流，此皆易地则同之人也。"朝云虽一生坎坷，颜色如花，命薄如叶，然而，有东坡钟情如此，有后人赞誉如此，亦当含笑九泉矣。

东坡一生，风流佳话多多。除此之外，诸如为迟到的歌妓秀兰解困，劝杭州名妓琴操出家，为深陷苦海的郑莹、高荣脱籍从良，等等，也都体现了东坡怜香惜玉、多情善良的一面。直到现在，网络上的不少女子，还痴痴地发帖说："我愿意倾尽我的全部虔诚来祈祷：来生让我嫁给苏东坡，嫁给这个上帝唯一的骄傲。"

东坡的文章，东坡的诗词，东坡的书画，东坡的故事，这其中任选一个，都并非是一本书能说得完。此处，限于篇幅，我也不得不匆匆收笔了。相传，在苏东坡出生时，眉山上的草木一夜间全部枯萎，山上的灵气全都被其吸取了，直到他溘然离世，才重现葱茏。

宋代文坛虽然名家辈出，翰墨飘香。然而，苏轼依然是璀璨群星中的那轮皎皎明月。正所谓"东坡文章冠天下，日月争光薄风雅"，时光流转，苏轼在我们的心目中，早已化为众人仰望的"坡仙"，他目光如电，风神俊朗，一袭青衫，几缕美髯。他是天上的文星，来游戏人间，好让我们领略什么才是豹蔚虎炳的绝世文章。

最后，让我们吟唱苏轼的这一首《水龙吟》，遥想当年"坡仙"的傲世风采：

古来云海茫茫，道山绛阙知何处。人间自有，赤城居士，龙蟠凤举。清净无为，坐忘遗照，八篇奇语。向玉霄东望，蓬莱晻霭，有云驾、骖凤驭。

行尽九州四海，笑纷纷、落花飞絮。临江一见，谪仙风采，无言心许。八表神游，浩然相对，酒酣箕踞。待垂天赋就，骑鲸路稳，约相将去。

秦学士

▷ 秦观 (1049 - 1100 年)，江苏高邮人（现高邮市），字少游，一字太虚。被尊为婉约派一代词宗，别号邗沟居士，学者称其淮海居士，北宋文学家、词人。

▷ 秦观的诗感情深厚，意境悠远，风格独特。散文以政论、哲理散文、游记、小品文最为出色，文笔犀利，说理透彻，引古征今。秦观的词用疏朗流畅的章法，连接精致典雅的词句，融入技艺又不逞弄技艺，得到了广大欣赏者的普遍喜爱，取得了词史上突出的地位，甚至被推誉为"首首珠玑，为宋一代词人之冠"。

　　秦观的这个称号，不是我杜撰的，而是他恩师苏轼取的，因为秦观的词风婉丽无比，缠绵悱恻之处和柳永相似，"山抹微云"这一句又堪称神来之笔，故而苏东坡戏为一联："山抹微云秦学士，露花倒影柳屯田。"他这一首《满庭芳》是婉约词集中不可或缺的好词，历来令人激赏不已：

　　山抹微云，天连衰草，画角声断谯门。暂停征棹，聊共引离尊。多少蓬莱旧事，空回首，烟霭纷纷。斜阳外，寒鸦万点，流水绕孤村。

　　销魂当此际，香囊暗解，罗带轻分。谩赢得青楼，薄幸名存。此去何时见也，襟袖上，空惹啼痕。伤情处，高城望断，灯火已黄昏。

　　这一首词中，"山抹微云，天连衰草"，自然是妙不可言的好句，而其中的"寒鸦万点，流水绕孤村"，也是点睛之笔，用晁无咎的评论说就是："此语虽不识字者，亦知是天生好言语。"当然，这句并非秦观原创，是袭用了隋炀帝的诗："寒鸦千万点，流水绕孤村。斜阳欲落处，一望黯消魂。"不过，此处妙手拈来，却是恰到好处。当然，有人过度夸奖，说秦观此句有"生死人而肉白骨"之神效，也未免过于夸大了。隋炀帝原诗，我觉得意境也不错，只是因为他是暴君，大家因人废诗，将之贬低过甚。

　　就我个人来说，我最赞赏词中最后这一句："伤情处，高城望断，灯火已黄昏"——日暮时分，独自在高高的城楼上，看黑夜如幕，渐渐吞噬了整个世界，城内是星星点点的灯火，凉风吹来，孤单的身影到哪里找一点点温暖和依赖？如此情境，最为伤怀。有情人读至此处，不免悯然泪下了。

所以，秦观这首词，当时就享誉南北，以至他的女婿都扛着"山抹微云"的招牌来唬人：他的女婿名叫范温，有次赴贵家宴席时，位居末座，贵家歌姬最喜欢唱秦观的词句，然而，她见范温衣着寒酸，就不屑于搭理他。等这个歌姬唱完这首《满庭芳》，逐一向客人劝酒时，才问范温："这位郎君贵姓，在哪里发财？"范温官职名气乏善可陈，报出来不免惹人笑话，于是就说："某乃'山抹微云'女壻（婿）也。"大家听了，哄笑之余，却也对他多了些许敬意。这个歌姬也对他另眼相看。

试想，多年后，秦观的女婿都能借他的名头骗"支持率"，秦观这个风流才子，当年更是女粉丝众多。当然，古代的良家女子们，出不得门，做不得主，没法追求秦观，他的"粉丝群"只能是那些歌妓们。

多情，行乐处，珠钿翠盖，玉辔红缨

苏轼写的对联中，用柳永和秦观相对，也并非只出于调谑，实际上，秦观和柳永一样，都颇有"女人缘"，和青楼女子们结下不少的情缘。这一首《水龙吟》，其中故事不少，因此全录在下面：

小楼连苑横空，下窥绣毂雕鞍骤。朱帘半卷，单衣初试，清明时候。

破暖轻风，弄晴微雨，欲无还有。卖花声过尽，斜阳院落；

红成阵，飞鸳鸯，玉珮丁东别后。

怅佳期、参差难又。名缰利锁，天还知道，和天也瘦。

花下重门，柳边深巷，不堪回首。念多情、但有当时皓月，向人依旧。

这一首词，是写给蔡州一位色艺双绝的歌妓娄琬的。她名琬，字东玉，所以这句"玉珮丁东别后"就是暗中嵌入了她的名字。这样，可以防止"他妓厮赖"——因为秦观的词写得太好，太有名了，有些厚脸皮的妓女可能根本没见过大才子秦少游，更无从获得他的赠词，就胡说某首词是写给自己的。北宋当年，信息不发达，人们也不能当场给秦观发个短信，求证一下。

与此类似，秦观那首《南歌子》中的"水边灯火渐人行，天外一钩残月带三星"也有"密码"，其中的"一钩残月带三星"如同字谜，暗藏着"心"字，是写给另一个心爱的歌妓陶心儿的。

然而，我却觉得，即便是这样，也无法完全禁止"他妓厮赖"这种现象，打个比方说，假如笔者穿越到北宋末年，化身为一名歌妓，完全可以把秦观《何满子》中的"莺梦春风锦幄，蛮声夜雨蓬窗"这两句说成是专门为我写的，因为里面有"夜雨"两字嘛。

秦观的这首词，在当时就颇负盛名，其恩师苏轼曾打趣道：第一句"小楼连苑横空，下窥绣毂雕鞍骤"竟是"十三个字，只说得一个人骑马楼前过"，不过苏轼喜欢开玩笑，这和说黄庭坚的字是"树梢挂蛇"差不多，未必是真想指责其中的瑕疵，大家不必当真。要是都这样评，那句

"庭院深深深几许"，岂不成了结巴说话了，只一个"深"字足矣，但是文章可以简略，诗词却自有别趣，不可如此评判。依我看，秦观开头这一句，恰似电影中的长镜头，意境疏朗开阔，对铺垫后面的气氛是很有用处的。

而迂腐腾腾的理学家程颐的指责就毫无道理了，有一天他拦住秦观，劈面就问："'天还知道，和天也瘦'这句词是你写的吗？"秦观回答："是啊。"程颐一脸怒气地说："上穹尊严，安得易而侮之"——老天爷是应该万分尊敬的，你怎么敢擅自编排侮蔑他？程颐这样的说法，只能说他不懂写词，所以整个《全宋词》里都找不出姓程的一首词来。

还是人家明代王世贞有眼力，有见识。他说词家最妙的三个"瘦"字，就是：程垓的"人瘦也，比梅花瘦几分"，李清照的"莫道不销魂，人比黄花瘦"和秦观的这个"天还知道，和天也瘦"。

秦观在小说《三言》中被写成是苏东坡的妹夫，和所谓的"苏小妹"是郎才女貌的一对鸳侣。这一篇《苏小妹三难秦少游》中，写秦观知道苏小妹要去进香，就乔装改扮，一路跟随。真实的历史上，秦观倒也干过类似的事，不过他"追"的不是苏小妹，而是苏东坡。据《冷斋夜话》说，秦观知道苏轼要过扬州，想必要游这里的山寺，于是先模仿苏东坡的笔迹和风格写了诗词在寺庙的墙壁上，苏轼看后大为惊诧，秦观于是得以拜谒苏轼，成为苏门弟子。

我们现在都知道，历史上并无所谓的"苏小妹"，苏轼只有个姐姐，嫁人后早亡。而且，小说家的文才远不能和真正的秦观比，把人家才高八斗的秦少游写得很傻。别的不说，单说那第三道难题，书中是这样写的：

再拆开第三幅花笺，内出对云："闭门推出窗前月"。初看时觉道容易，仔细思来，这对出得尽巧。若对得平常了，不见本事。左思右想，不得其对。听得谯楼三鼓将阑，构思不就，愈加慌迫。却说东坡此时尚未曾睡，且来打听妹夫消息。望见少游在庭中团团而步，口里只管吟哦"闭门推出窗前月"七个字，右手做推窗之势。

……庭中有花缸一只，满满的贮着一缸清水，少游步了一回，偶然倚缸看水。……东坡远远站着咳嗽一声，就地下取小小砖片，投向缸中。那水为砖片所激，跃起几点，扑在少游面上。水中天光月影，纷纷淆乱。少游当下晓悟，遂援笔对云："投石冲开水底天"。

丫鬟交了第三遍试卷，……走出一个侍儿，手捧银壶，将美酒斟于玉盏之内，献上新郎，口称："才子请满饮三杯，权当花红赏劳。"少游此时意气扬扬，连进三盏，丫鬟拥入香房。这一夜，佳人才子，好不称意。

我们看小说人居然用"闭门推开窗前月"这样一个简易的对联，就难得秦大才子苦思到半夜，"在庭中团团而步"，最后得东坡提示，才勉强对了个"投石冲开水底天"，虽然工整，但也很平常，"不见本事"。其实此对有何难哉？笔者不消半盏茶功夫，便对出一联："入苑折取桂中香"。俺这个对联，表达了"大登科后小登科"的得意之情，兼有将苏小妹比作月中仙子的爱慕之心，不强似那没半分内涵的"投石击水"什么的？这样的秦少游还能当苏小妹的如意郎君？配得上吗？干脆选俺入洞房得了。

当然，小说人的水平哪里能及得上真实的秦观？秦观这样的大才子，从古到今也没有多少个。据《苕溪渔隐丛话》中说：吕公著在扬州当官时，曾经让秦观帮他拟中秋节时的诗稿，秦观提笔写了一篇，其中有"照海旌幢秋色里，激天鼓吹月明中"之句。然而，到了中秋之夜，却阴云密布，吕公著心下慌了，说这咏诵明月朗朗的句子怎么用得？秦观马上又写了一篇，改为："自是我公多惠爱，却回秋色作春阴。"

秦观如此机敏神速，堪称七步之才，比之小说中描绘的可要高明多了。这在师兄黄庭坚诗中也有佐证："闭门觅句陈无己，对客挥毫秦少游。"陈无己就是陈师道，他每次写文写诗时就像大病了一场似的，构思时要钻进被子蒙上头，家里一有动静就大发雷霆，所以家里人抱了小孩到邻居家去，猫儿狗儿都赶走，生怕影响了陈无已"写作"。而人家秦观，却是擅长在席筵之间对客挥毫奋笔，十分潇洒自如。

自在飞花轻似梦

秦观在人们心中是个聪明灵秀的情痴情种形象，他的笔下可谓有风情万种，绝不在柳永之下。曹雪芹应该对他是喜爱有加的，不仅在《红楼梦》第二回那个"风流才子谱"中卓然有名，而且第五回里，还托名"宋学士秦太虚"写了这样一联："嫩寒锁梦因春冷，芳气笼人是酒香。"

这一联，虽然不是秦观所写，但模拟得非常像。秦观的词旖旎婉媚，有人称"如时女游春，终伤婉弱"。一般来说诗庄词媚，像欧阳修、宋祁等人都是写词时娇柔妩媚，诗里面却换了一副正襟危坐的士大夫派头。而秦观的有些小诗，却也脂粉气十足，最有名的当属这一首《春日》：

> 一夕轻雷落万丝，霁光浮瓦碧参差。有情芍药含春泪，无力蔷薇卧晓枝。

春雨蒙蒙，细如纤丝，芍药有情而泣，蔷薇无力而卧。这"弱柳娇花"一般的心情，闺中少女似的口吻，根本不像出于男子之手。所以后人元好问就戏笔调谑道："有情芍药含春泪，无力蔷薇卧晚枝。拈出退之山石句，始知渠是女郎诗。"他的意思是说，秦观这首诗和韩愈那首大气古拙的《山石》比起来，简直就是女人的诗句——古代是比较轻视女人的，不像现在，美女作家很拉风，伪娘也很时尚。

其实，文有百体，纤柔唯美之作也不能就一概排斥，全是铁锅铜扫帚，那不成了水泊梁山了。正如袁枚在《随园诗话》里所说："元遗山讥秦少游云：'有情芍药含春泪'云云，此话大谬。芍药、蔷薇，原近女郎，不近山石，二者不可相提而并论。诗题各有境界，各有宜称。"

是啊，你要是咏长河大漠，当然要提到铁马金戈，这花园里的芍药蔷薇之景，不配娇怯怯的女儿，难道配粗鲁无文的黑旋风不成？

李清照那篇"呵神骂鬼"一般的《词论》，将众多词家说得一文不值，但却不能不承认秦观的词"极妍丽丰逸"，像这样的词，俨然一幅工笔仕女图：

减字木兰花

天涯旧恨，独自凄凉人不问。欲见回肠，断尽金炉小篆香。

黛蛾长敛，任是春风吹不展。困倚危楼，过尽飞鸿字字愁。

如果正在恋爱中，想选些精致唯美的词句送女孩子，我给大家指一条"明路"，你就到晏几道、秦观这两人的集子里去找，绝不会"空手而回"。柳永、欧阳修固然也有明媚之作，但有些词不免猥狎，说不定把人家女生惹恼了，可就弄巧成拙了。

而淮海、小山这两人，其词发乎情，止于礼，字字句句浸透的真情，正如张炎《词源》中所说："秦少游词体制淡雅，气骨不衰，清丽中不断意脉，咀嚼无滓，久而知味。"这"咀嚼无滓"四字，说得极妙。秦观的词清丽纯净，正如一枚枚水灵灵的鲜果，读来后满口的清香。

翻开《淮海集》，到处都是琼玉明珠一般的好句子，像什么"夜月一帘幽梦，春风十里柔情"、"春去也，飞红万点愁如海"、"恨如芳草，萋萋划尽还生"、"两情若是久长时，又岂在朝朝暮暮"……

如今的很多流行文化元素，细心揣摩，还能窥出秦观的风流遗韵。不说别的，琼瑶女士想必就对秦观的词爱慕之极，不单小说《一帘幽梦》的名字就取自"夜月一帘幽梦，春风十里柔情"这一联，就连《还珠格格》中的那首歌，什么"今天天气好晴朗，处处好风光，蝴蝶儿忙蜜蜂也忙"，很明显也受了秦观下面这首词的影响：

行香子

树绕村庄。水满坡塘。倚东风、豪兴徜徉。

小园几许，收尽春光。有桃花红，李花白，菜花黄。

远远围墙。隐隐茅堂。扬青旗、流水桥傍。

偶然乘兴，步过东冈。正莺儿啼，燕儿舞，蝶儿忙。

其实，这一首《行香子》，在秦观词集中算得上是异类，因为秦观的词调中少有如此欢畅惬意的情怀。"小山、淮海，千古伤心人也"，秦观的一生是坎坷多蹇的，他笔下的词，早年是柔婉如春愁，晚期是凄苦如秋霜。

梦破鼠窥灯，霜送晓寒侵被

秦观的成名，得益于苏轼的引荐。苏轼不但自己大力夸赞，还特地将他的诗文给当时最有名望的王安石看。但"成也萧何，败也萧何"，随着苏轼的被贬，秦观也被一贬再贬，削夺了一切职务，贬谪到偏远的湖南郴州去。这一首《如梦令》就是写于凄凄惶惶地动身去郴州的路上：

遥夜沉沉如水，风紧驿亭深闭。梦破鼠窥灯，霜送晓寒侵被。

无寐，无寐，门外马嘶人起。

这一首词，读来正如秋夜中的寒气，凉浸肌骨。饥鼠盘桓于灯案，异乡的夜黑沉沉如水，这样的情景，是何等的凄清无望！

秦观没有苏轼那样广阔的胸怀，他本来就有着多愁善感的气质，这样的挫折他很难经受。正如他词中的警句："飞红万点愁如海"——花原自怯，岂奈狂飙；柳本多愁，何禁骤雨！

踏莎行　郴州旅舍

雾失楼台，月迷津渡，桃源望断无寻处。
可堪孤馆闭春寒，杜鹃声里斜阳暮。
驿寄梅花，鱼传尺素，砌成此恨无重数。
郴江幸自绕郴山，为谁流下潇湘去。

这首词也是秦观集中最优秀的作品之一，苏轼曾反复吟叹这二句："郴江幸自绕郴山，为谁流下潇湘去。"当他知道秦观死去的噩耗时，将这首词写在扇面上，叹道："少游已矣，虽万人莫赎！"

后来他和苏轼一样，被越贬越远，先是迁至广西横州，后来也来到广东的雷州。秦观自知北归生还无望，他不像苏轼那样苦中作乐，存有吃荔枝、蛤蜊什么的兴致，秦观是绝望之极，此间，他写下《自作挽词》这样的诗句：

婴衅徙穷荒，茹哀与世辞。官来录我橐，吏来验我尸。

藤束木皮棺，槁葬路傍陂。家乡在万里，妻子天一涯。

孤魂不敢归，惴惴犹在兹。昔忝柱下史，通籍黄金闺。

奇祸一朝作，飘零至於斯。弱孤未堪事，返骨定何时。

修途缭山海，岂免从閽维。荼毒复荼毒，彼苍那得知。

岁晏瘴江急，鸟兽鸣声悲。空蒙寒雨零，惨淡阴风吹。

殡宫生苍藓，纸钱挂空枝。无人设薄奠，谁与饭黄缁。

亦无挽歌者，空有挽歌辞。

这首诗中，秦观像《非诚勿扰2》中的李香山一样，自己先撰写了一个人生告别词，预想了一个身后的情景：他自己远在天涯，妻子儿女都不在身边，结局多半是被俗吏当作暴死他乡的无主野尸，草草地葬于路边，荒坟野冢，寒雨阴风，孤魂万里，难以归家。

幸而，秦观最终的结局并没有这样惨，他死于北还的路上。公元1100年，宋徽宗即位，向太后临朝。向太后和高太后一样，都喜欢旧党，于是秦观官复宣德郎，放还横州。赴任途中，秦观在广西藤州醉后游光华亭，突然感到不适，索水欲饮。等有人送水到他口边时，他竟"笑视而卒"，年仅52岁。

当时的他毕竟由罪人恢复到朝廷命官的身份，不至于被草草一扔，随便刨个坑埋掉。即使秦观再多活几年，他的前景也不妙，因为那时新党重新得势，他会和好友黄庭坚一样再次被贬谪，所以，有的朋友说秦观和卖火柴的小女孩一样，是带着微笑走的，虽然境遇凄苦，但他们生命的最后，有着温暖的憧憬。

据说，秦观临终前几天曾经做了一个奇怪的梦，醒后，他以这首《好事近》来记述梦境："春路雨添花，花动一山春色。行到小溪深处，有黄鹂千百。飞云当面化龙蛇，天矫转空碧。醉卧古藤阴下，了不知南北。"有人说，这句"醉卧古藤阴下，了不知南北"，正是诗谶，预示了秦观生命的终点就在广西藤州。

噩耗传开，苏轼两天食不下咽，叹道："哀哉痛哉，世岂复有斯人乎！"好友黄庭坚写下一首《千秋岁》，用"波涛万顷珠沉海"来唱和秦观那句"飞红万点愁如海"，将秦观喻为沉入碧海的明珠。而张耒的《祭秦少游文》中则痛惋道："呜呼！官不过正字，年不登下寿。间关忧患，横得骂诟。窜身瘴海，卒仆荒陋。"这短短的 26 个字概括了秦观仕途不达，英年早逝的命运。

写到这里，心中油然想起张潮《幽梦影》中的一段话："才子而美姿容，佳人而工著作，断不能永年者，匪独为造物之所忌。盖此种原不独为一时之宝，乃古今万世之宝，故不欲久留人世取亵耳。"

秦观去世二十多年后，一个女子梦见了这位名扬后世的大才子。之后她生下一个男孩，取名叫陆游，字务观。陆游不负众望，仿佛继承了秦观卓绝的才气，成为众所周知的大文豪。陆游对于秦观，也有一种莫名的亲切感，当他有机会看到秦观的画像时，心怀感慨地写下了这样一首诗：

题陈伯予主簿所藏秦少游像

晚生常恨不从公，忽拜英姿绘画中。妄欲步趋端有意，我名公字正相同。

黄庭坚

▷ 黄庭坚（1045－1105 年），字鲁直，号山谷道人，晚号涪翁，洪州分宁（今江西省九江市修水县）人，北宋著名文学家、书法家，为盛极一时的江西诗派开山之祖。与张耒、晁补之、秦观都游学于苏轼门下，合称为苏门四学士。生前与苏轼齐名，世称苏黄。

▷ 黄庭坚的诗以唐诗的集大成者杜甫为学习对象，构建并提出了"点铁成金"和"夺胎换骨"等诗学理论，成为江西诗派作诗的理论纲领和创作原则，对后世的文学创作产生了深远的影响。

说起黄庭坚，我心里总是有特别的亲切感。因为我的网名加笔名"江湖夜雨"，正是取自于他老人家的这一首诗：

寄黄几复

我居北海君南海，寄雁传书谢不能。桃李春风一杯酒，江湖夜雨十年灯。

持家但有四立壁，治国不蕲三折肱。想得读书头已白，隔溪猿哭瘴烟滕。

宋诗之中，黄庭坚的诗作可谓矫然不凡。他的诗和书法的风格一样，都是奇崛瘦硬，独具风采，首开一代风气，被江西诗派奉为开山鼻祖。虽然此后的江西诗派，乏有高手大家，甚至不少庸人还带坏了江西诗派的盛名，但是，作为开宗立派的黄庭坚，他的诗还是相当有水准的。像以上这一联"桃李春风一杯酒，江湖夜雨十年灯"，有着时空交错、沧桑变幻的感慨，历来为人激赏。

官如一梦觉，话胜十年书

　　黄庭坚，字鲁直，自号山谷道人，晚号涪翁，今江西修水人，是苏门四学士之一，他和苏轼的关系相当亲密。我们学过《核舟记》那篇文章，工匠在核皮上刻了苏轼、佛印、黄庭坚三个人一起乘舟游览赤壁，这属于臆想，并非事实，当时佛印和黄庭坚都不在苏轼身边。但这却反映出，在人们的印象中，苏轼最亲密的朋友，就是这两人了。

　　黄庭坚和秦观同为苏门弟子，但黄庭坚的文字不像秦观那样拥有浓郁的"伪娘"气质，而是硬语盘空，傲崛嶙峋。像什么"风前横笛斜吹月，醉里簪花倒著冠"、"老子平生，江南江北，最爱临风笛"，等等，此中豪气，不输苏、辛。

　　然而，据《春渚纪闻》等宋人笔记中说，黄庭坚前世却是一个闺中的才女，平生的心愿就是"身为男子，得大智慧，为一时名人"。因为这个女子勤读《法华经》，所以就得以托生为黄庭坚了。还说黄庭坚被贬至涪陵时，梦见一女子告之来历，并说自己的棺材朽坏后尸身腋下被蚁虫咬噬，所以黄庭坚的腋下常有湿癣发作。当黄庭坚找到这座墓，为其修棺重葬后，就不药而愈了。

　　江西修水县志也记载了类似的故事：说是黄庭坚任芜湖知州时，行至一村落，心中就有一种异样的感觉，这里的景物格外亲切熟悉，仿佛回到故乡一般。这里有个女子，生前酷喜读书，信佛吃素，不肯嫁人。发愿求来世转男身，做文士。26岁那年就病死了，死时她笑着对母亲说，还会回来看看的。

当黄庭坚步入这个早亡女子的闺房时，更是感觉如同唤醒了前生的记忆一样，靠墙有一个大柜，依然紧锁。老婆婆不知钥匙在何处，所以从来没打开过，而黄庭坚却神奇地想起放钥匙的地方，他打开书柜，看到里面全是这个女子生前所写的文稿。而更奇怪的是，这些文稿，正是黄庭坚早年笔下的文字。所以黄庭坚恍然大悟，自己的前生就是老婆婆的女儿！

这样的故事，不免离奇，但姑妄言之，姑妄听之。要是这样说，笔者前生恐怕是个喜欢诗词的唐代女孩儿，积累功德，修成男身的。

好了，"怪力乱神"的东西不多说了，下面正儿八经地说下黄庭坚的事情：

如果写神童传的话，黄庭坚也可以算得上是神童级的人物，他5岁之时便熟读五经，7岁便能作牧童诗："骑牛远远过前村，短笛横吹隔垄闻。多少长安名利客，机关算尽不如君。"前朝神童骆宾王7岁咏鹅，的确是小儿口吻，而黄庭坚这一首，倒像是70岁的人写的，太老辣沉稳了。如果的确如此，黄庭坚也称得上"少年姜太公"了。

黄庭坚有着超人的涵养和风度，《孙公谈圃》中记载：黄庭坚参加科考后，和一群学子等待发榜的消息，这时有人传言黄庭坚已然高中，于是大伙让他置酒夫贺。然而，正在此时，金榜公布了，仆人急忙忙地跑进来通告了消息：榜上竟然没有黄庭坚！这事要出现在一般人身上，不气得当场晕倒，起码也要懊丧罢席。但黄庭坚饮食自若，席后还和大家一起去看榜，仿佛是局外人似的，这风度比之晋代谢安，也不遑多让。

然而，黄庭坚没有像柳永、秦观那样多年困于场屋，上面的科举挫折只是一幕小插曲，他23岁就高中进士，还算是相当顺利的。然而，步入仕途后，他却没有做过什么显赫的大官，最风光也不过是个国子监教授这一类微职。而且由于和苏东坡关系密切，被新党视为异己，所以他的后半生也是一贬再贬，最终死于广西宜州的贬所。

黄花白发相牵挽，付与时人冷眼看

提起豪放词人来，往往只说苏轼、辛弃疾、张孝祥、陆游这一干人，但我觉得黄庭坚笔下，亦有一种胸怀磊落、不拘世俗的豪气贯通其间。唱其词，亦可约侠士弹剑击缶而歌，不必效媚女妖姬的娇娆唱调。

看这一首《鹧鸪天》，比之晏小山（他比较擅长写这一词牌）词，风格迥然不同：

黄菊枝头生晓寒，人生莫放酒杯干。风前横笛斜吹雨，醉里簪花倒著冠。

身健在，且加餐。舞裙歌板尽清欢。黄花白发相牵挽，付与时人冷眼看。

好一个"黄花白发相牵挽，付与时人冷眼看"，这等倨傲自负的豪情，在宋人的文词里是不可多见的。在黄庭坚的笔下，已不像是婉转的小词，倒像是顺畅通达、直抒胸臆的古风。

黄庭坚的诗更是气象开阔，伉爽洒落：

登快阁

　　痴儿了却公家事，快阁东西倚晚晴。落木千山天远大，澄江一道月分明。

　　朱弦已为佳人绝，青眼聊因美酒横。万里归船弄长笛，此心吾与白鸥盟！

　　后人常讥讽宋人多写"窗下梧桐、案上残灯、池中枯荷"等琐碎事物，而黄庭坚这一首却是个例外。"落木千山天远大，澄江一道月分明"意境何其寥廓！其胸襟气度，可侪于诗仙、诗豪。

　　黄庭坚这一首《清明》，在同题材诗中，可以称得上绝佳。杜牧那一首《清明》虽然也好，但只是侧面写清明景致，没有切入到清明节独特的内涵，所以清明诗中，黄庭坚这首不可不读：

　　佳节清明桃李笑，野田荒冢只生愁。雷惊天地龙蛇蛰，雨足郊原草木柔。

　　人乞祭余骄妾妇，士甘焚死不公侯。贤愚千载知谁是？满眼蓬蒿共一丘。

　　黄庭坚喜欢用典故，讲究无一字无来历。他曾说："古人能为文章者，真能陶冶万物，虽取古人之陈言入于翰墨，如灵丹一粒，点铁成金也。"在黄庭坚的诗句中，有不少的古人典故在其中"埋伏"，限于篇幅，这里就不细解了。所以，黄庭坚的不少诗词，非常耐咀嚼，恰似一个"千斤重的橄榄",含在口里,初时但觉味涩难吃,但久嚼之后,却是香甜可口,唇齿留津,余味无穷。

苏轼说读黄庭坚的诗文好像吃"蟛蚏、江瑶柱"等海鲜,那是"格韵高绝,盘飧尽废"——别的菜没法比,同时又半开玩笑地说:"然不可多食,多食则发风动气"——吃多了要消化不良的。所以,古诗文功底不深的人,读黄庭坚的诗,啃起来费劲。

然而,晦涩的一面并非是黄庭坚的唯一特色,像这一首《清平乐》,就写得清空无迹、灵动异常:

春归何处?寂寞无行路。若有人知春去处,唤取归来同住。

春无踪迹谁知?除非问取黄鹂。百啭无人能解,因风飞过蔷薇。

我以为,有的词是堆砌而成的,有的词是积学问而成的,而有的词却是天赋所成,像黄庭坚的这首词,就绝对不是泛泛之辈能写得出的,就算是黄庭坚本人,再向他索一首类似于此的好词,他也未必能再写得成。这样的东西,无论是诗词,还是书画,都属"神品"、"妙品",可遇而不可求。

黄庭坚的书法也是传世之宝,他的字结体雄放瑰奇,笔势飘动隽逸,有长枪大戟、锋刃交加之气概,历来受学书者推崇。

黄庭坚虽然诗词、书帖有奇险瘦硬之名,但他的脾气和苏轼一样,倒是开朗诙谐的。苏轼那篇中曾说过,当时翰林院有个叫顾子敦的大胖子,苏轼和他开玩笑,说他是"顾屠"。黄庭坚和他同在书院,也拿他逗趣。顾子敦夏日正午常脱光了上衣午睡,黄庭坚当时虽然四五十岁了,但童心不减，经常趁其熟睡时在他的大肚皮上写字玩，让顾子敦很是烦恼。这一天，黄庭坚见顾子敦侧身而睡，于是就把字写在他背上。顾子敦醒来一看，肚子上没写，心下高兴，说："今天黄庭坚没把我怎么样。"然而，回家后顾胖子一脱衣衫，夫人发现他背上居然题了一首唐诗。

可想而知，当年的顾子敦肯定是骂骂咧咧地让人打水来匆匆洗去，然而笔者看了这个故事，却惋惜不已。因为你知道现在黄庭坚的字值多少钱？2010 年黄庭坚的那幅《砥柱铭》居然拍出 4.368 亿元人民币的天价，这个书帖仅 407 个字，合着一个字 100 万哪。俺恨不得马上穿越到北宋去，不用劳烦黄庭坚写一首诗，只要给俺写上 10 个字就行了。

去国十年老尽少年心

然而，当年的黄庭坚，却是屡屡受人冷落的，受人欺凌的。当时新党得势，黄庭坚屡被贬谪。据岳飞的孙子岳珂所著《桯史·蚁蝶图》记载，黄庭坚曾在一幅蝴蝶坠网图上题了这样一首诗：

蝴蝶双飞得意，偶然毕命网罗。群蚁争收坠翼，策勋归去南柯。

此诗讽刺得甚是尖刻，将那些排挤打击他的小人，比作猖狂的群蚁。它们托起蝴蝶坠落的碎翼，纷纷归去巢穴里请功，那份得意扬扬的丑态，可谓活灵活现（南柯：取唐人传奇《南柯梦》里的蚂蚁国为喻）。

不料想，这幅画后来被人买走，辗转到了东京大相国寺的书画摊上，被蔡京一党看到，于是更加对黄庭坚恨之入骨。

李清照的公爹赵挺之是新党中的一个大奸臣，他弹劾黄庭坚所写的《承天院塔记》一文诽谤朝廷，将年已60岁的黄庭坚贬到遥远的广西宜州。这里的长官阿附新党，对黄庭坚极是冷酷，既不允许他租赁民房，又不让他寄居在僧舍，于是黄庭坚只好搬到一个破旧的城门楼上栖息。

这是一个狭窄阴暗的小阁楼，据黄庭坚自己记载，那是"上雨旁风，无有盖障"，加上广西天气炎热潮湿，这样的环境给黄庭坚的健康造成很大损害。黄庭坚自妻子去世后，曾作《发愿文》，起誓像佛门中人一样断绝淫欲，不再饮酒食肉。所以，此刻的黄庭坚身边没有亲人陪同，他孤独地住在荒远的天南，他的未来犹如南国的雨幕一样迷茫。

来到这里后的第一个重阳节，白发萧萧的黄庭坚登上宜州城楼，听到觥筹交错的酒席间，年轻气盛的武将们正高谈阔论，讲述封侯拜将的志向，他不禁感慨万千，写下了这首《南乡子》：

> 诸将说封侯，短笛长歌独倚楼。万事尽随风雨去，休休，戏马台南金络头。
> 催酒莫迟留，酒味今秋似去秋。花向老人头上笑，羞羞，白发簪花不解愁。

这是黄庭坚一生中的绝笔，"万事尽随风雨去"，是排遣，是豁达，更是无奈。白发满头，花也嫌恶，换来一个落魄天南的结局。他的自嘲自羞中，暗藏着浓重的悲凉和叹惋。

第二天，他就一病不起，九月底，炎热无比的宜州终于迎来了凉凉的秋雨，黄庭坚强支病体，坐在椅上，竟然破戒喝了些酒，然后带着醉意将脚伸到栏杆外淋雨，白发苍苍的黄庭坚笑着对朋友说："吾平生无此快也！"

这是黄庭坚留在人世的最后一句话，没过多久，黄庭坚就离世长辞。

黄庭坚的文章、诗词、书法，都称得是妙绝一时，只可惜他和另一位大才子苏轼同一时代，苏轼好比是明月，黄庭坚这颗星虽然明亮璀璨，但却不免被掩映住了光芒。然而，我们切不可忽视了黄庭坚的风采，他给我们留下的艺术华章也是让我们毕生受用不尽的。《三言》小说曾借"苏小妹"之口点评秦少游："可惜二苏同时，不然横行一世。"其实，我觉得这句话用在黄庭坚身上更恰如其分些，而且"二苏"中的苏辙未必能比黄庭坚强，因此，我觉得如果这样改一下，拿来点评黄庭坚的地位，很是贴切：可惜苏轼同时，不然横行一世！

| 豪 | 侠 | 才 | 子 |

贺鬼头

▷ 贺铸（1052 — 1125 年），北宋词人。字方回，又名贺三愁，人称贺梅子，祖籍山阴（今浙江绍兴），出生于卫州（今河南卫辉市）。为宋太祖贺皇后族孙，所娶亦宗室之女。

▷ 贺铸能诗文，尤长于词。其词内容、风格丰富多样，兼有豪放、婉约二派之长，长于锤炼语言并善融化前人成句。用韵特严，富有节奏感和音乐美。描绘春花秋月之作，意境高旷，语言浓丽哀婉，近秦观、晏几道。爱国忧时之作，悲壮激昂，又近苏轼，无愧为北宋大家。

　　宋代才子中，贺铸是非常有趣的一个人。贺铸，字方回，《宋史》载：此人生得"长七尺，面铁色，眉目耸拔"；陆游的《老学庵笔记》中则说"状貌奇丑，色青黑而有英气"，想来贺铸的形貌和《水浒》中的青面兽杨志有些相似。所以人们又送他一个外号叫"贺鬼头"。

　　相貌如此难看，贺铸却居然娶了赵家皇族的女儿，也算是郡马爷了。又想起《水浒》中有个叫丑郡马宣赞的，不禁暗暗好奇，难道赵氏的金枝玉叶都喜欢丑男人不成？其实不然，贺铸能娶赵氏宗室女，主要是他是贺皇后族孙的缘故。

　　贺皇后，是赵匡胤的结发妻子，当年她嫁"小赵"时，这位未来的宋太祖还是一名勇武军汉，所以贺皇后的身世不怎么高贵，她父亲也是一位将校，估计这位"贺皇后"难说是花容月貌的极品美人，很可能是孙二娘一般的豪爽。可惜的是，她没能看到赵匡胤"黄袍加身"就死了，"皇后"的称号都是后来追认的。不过，贺氏一族却成了世代皇亲，旧时多讲门第，搞"亲上加亲"的那一套。所以，贺铸才有机会娶到郡主。

　　贺铸是赳赳武夫形象，肯定也熟习枪棒武艺。他17岁就进皇宫当"右班殿直"——就是皇家卫士。想贺铸一身金盔金甲，两米多高的个头在玉阶丹墀前一站，也挺威风的。然而，他不但能诗通文，写起词来，也是一流的水准；更可异者，写起婉约词来，就算拉来柳永、秦观之类的与之争角，人家"贺鬼头"也丝毫不怵。

解道江南断肠句，只今惟有贺方回

　　贺铸的那首《青玉案》，大家广为熟知，其中那句"一川烟草，满城风絮，梅子黄时雨"，尤为精警动人。如今《八月桂花香》电视剧那句歌词"一城风絮，满腹相思都沉默"，明显就是袭自这首词的意境。因为这首词，相貌粗丑的贺铸居然得了个"贺梅子"这样的雅号。

　　贺铸笔下的婉约词，并不只是这一首，好词多得是，例如：

踏莎行

杨柳回塘，鸳鸯别浦，绿萍涨断莲舟路。

断无蜂蝶慕幽香，红衣脱尽芳心苦。

返照迎潮，行云带雨，依依似与骚人语：

当年不肯嫁春风，无端却被秋风误！

　　我们看这一首词，以逢秋不逢春的荷花为喻，讲述韶华空度，逢人不淑的失落之情。这情调委婉缠绵，整个一寂寞"剩女"的幽怨口吻，哪像是出于贺鬼头的笔下？这样的词，如果事先不知作者是谁，大家肯定要往朱淑真这一类才女身上猜。

　　贺铸笔下的婉约之句，那是清丽流畅，美不胜收，试拈出以下的句子，同吟共赏：

欹枕有时成雨梦，隔帘无处说春心，一从灯夜到如今。

——《浣溪沙》

欲寄书如天远，难销夜似年长。小窗风雨碎人肠，更在孤舟枕上。

——《西江月》

无端不系孤舟。载将多少离愁。又是十分明月，照人两处登楼。

——《清平乐》

限于篇幅，不一一列举了，我可以很负责任地说，去翻《全宋词》中贺铸的作品，再找出几十条类似这样的妙句来，并不为难。清代词评家陈廷焯说"方回词，儿女，英雄兼而有之"，确实很让人奇怪，贺铸这样一个"纯爷们"，竟能把女人家的心情描绘的那样细致，并且还挺能体谅女人的苦处：

生查子

西津海鹘舟，径度沧江南。双艣本无情，鸦轧如人语。
挥金陌上郎，化石山头妇。何物系君心？三岁扶床女。

"挥金陌上郎，化石山头妇"，写得实在是太好了，不但对仗精工，而且对比鲜明——男人可以在外面花天酒地，挥金如土，而却要求女人苦守寒窑，化成石头也要守着等丈夫回来。这两句将旧时男子浪荡薄幸，女子凄苦守节的情景刻画得非常生动深刻。

还有这一首词，也写得十分动人：

夜如年·古捣练子

斜月下，北风前。万杵千砧捣欲穿。不为捣衣勤不睡，破除今夜夜如年。

词中这位可怜的女子，她孤身一人，思念着远方的丈夫，不是因为要赶着捣衣做活，是因为她根本就睡不着。这长夜漫漫，寂寞仿佛像蝗虫一样在心底涌起，所以，如果不用彻夜捣衣来让自己的身体疲惫麻木，又如何能排遣这心中的郁闷和绝望？

笔者为什么能写那么多书？也是为了排遣心中的寂寞和郁闷，所以对这样的心情，还是很能体会的。

贺铸的词，写得很是晓畅，不用那些拗口的词句和生僻的典故，而每一首词都是真情流露，绝非是那种应酬敷衍的俗滥文字。贺铸悼念亡妻的这首词，因为情真意切，历来被公认是能和潘岳的《悼亡》诗、元稹的《遣悲怀》诗、苏轼的《江城子·记梦》这三篇伤悼文字并传不朽的名篇：

鹧鸪天

重过阊门万事非。同来何事不同归。梧桐半死清霜后，头白鸳鸯失伴飞。

　　原上草，露初晞。旧栖新垅两依依。空床卧听南窗雨，谁复挑灯夜补衣。

　　贺铸曾和妻子在苏州（阊门）居住过，看来贺夫人倒不嫌贺铸貌丑，两人很是恩爱哪，也难怪，就贺铸笔下的那些好词，也让他变得可爱了。而如今，两鬓如霜的贺铸重归旧居，当真是物是人非事事休，心中万千感慨。

　　"同来何事不同归"？这一句问得好痴，令人叹息。面对着故居新坟，听着那撩人愁绪的秋夜苦雨，又想起妻子灯下拈起针线为其补衣的身影，读至此，我们的眼睛里也潮湿起来，何况是身临其境的贺铸！

　　安意如在她的书里曾说："《半死桐》是四大悼亡诗之一，但我不喜欢，真的不喜欢。不是对贺铸本身有什么意见，不是对做妻子的给丈夫补衣服有意见，而是我不喜欢那种潜意识里视妻子为贴身免费保姆的男权主义。"

　　其实，不见得就是贺夫人整天给贺铸补衣服，一个人不在了，往往会最念她的好处，最想念她温馨和悦的一幕，所以我要对她说："你年纪还小，你不懂，真的不懂。"像这样的悼亡词，需要活上大半辈子，有过十几年的婚姻生活，当爱情化成了亲情，相濡以沫后才明白一小半，真正懂得，更是要经历过离丧之痛才行。

少年侠气，交结五都雄

在众多音曲绵软、甜媚靡弱的宋词中，贺铸那些英气勃勃的词，更是让人眼目一亮，为之精神一振，最为让人击掌赞叹的是这一首：

六州歌头

少年侠气，交结五都雄。肝胆洞，毛发耸。立谈中，死生同。一诺千金重。推翘勇，矜豪纵。轻盖拥，联飞鞚，斗城东。轰饮酒垆，春色浮寒瓮，吸海垂虹。闻呼鹰嗾犬，白羽摘雕弓，狡穴俄空。乐匆匆。

似黄粱梦，辞丹凤；明月共，漾孤篷。官冗从，怀倥偬；落尘笼，簿书丛。鹖弁如云众，供粗用，忽奇功。笳鼓动，渔阳弄；思悲翁。不请长缨，系取天骄种，剑吼西风。恨登山临水，手寄七弦桐，目送归鸿。

宋代诗文，多是科举取士的书生所写，故而比起唐诗，尤其是盛唐的诗句来缺少一种"侠武"之气，缺乏一种"亮剑"精神。像苏轼，虽然豪放派推他为首，但他写不出"笑尽一杯酒，杀人都市中"这样的句子。而久违了的大唐豪侠气重现在贺铸这首词中，怎么不让我精神大振，为之叫好？

好一个"肝胆洞，毛发耸。立谈中，死生同。一诺千金重"，读来让人热血贲张，如同干了几大碗烈酒一般痛快，这是男人和男人之间的一种至情至性，刘、关、张式的兄弟之情。这样的感情似乎不会存在于女人和女人之间，什么叫"肝胆相照"？什么叫"惺惺相惜"？什么叫"刎颈之交"？什么叫"士为知己者死"？从贺铸这几句慷慨豪迈的词里，你会找到答案。

这一首词，概括叙述了贺铸一生的大致经历，他早年习武任侠，后来担任一个低级武官，位低事烦，受人驱使。因他性情耿直，不会巴结逢迎上司，始终不得重用。后来闲居苏州，藏书万余卷，以校读赏析作为消遣，直至终老。

这"不请长缨，系取天骄种，剑吼西风。恨登山临水，手寄七弦桐，目送归鸿"，和陆游那句"原知造物心肠别，老却英雄似等闲"的心情是相通的，但贺铸的"剑吼西风"更有一种铿锵的兵革之气。

贺铸的词，雄健警拔，苍凉悲壮者不少。除这一首外，还有那首《行路难》中写"缚虎手、悬河口，车如鸡棲马如狗。白纶巾，扑黄尘，不知我辈可是蓬蒿人"，也是豪迈奔放，为辛弃疾后来的豪放词风劈开一条蹊径。都说苏轼的词要执铜琵琶、铁绰板来吟唱，而我觉得贺铸的豪放词，有"铜琵琶、铁绰板"还远远不够，要拔刀亮剑，相击而歌才能助其气势。

要说这贺铸，也真是厉害。张耒曾夸他"方回乐府妙绝一世，盛丽如游金、张之堂，妖冶如揽嫱、施之袂，幽洁如屈、宋，悲壮如苏、李"。有人常说这段话有些过誉，但我觉得虽有溢美之处，但也不算太过分。

你看柳永那样的艳情词，老贺也会写："雪肌英粉腻，更生香。簟纹如水竟檀床。雕枕并，得意两鸳鸯"；欧阳修有些士大夫气的闲适词老贺也擅长："易醉扶头酒，难逢敌手棋。日长偏与睡相宜，睡起芭蕉叶上、自题诗"；而"淡黄杨柳暗栖鸦，玉人和月摘梅花"，多像晏几道的味道；"暮雨不来春又去，花满地，月朦胧"，又何输秦观的风情？

想起金庸小说上，有一个叫鸠摩智的，竟然能兼通少林寺七十二绝艺，令众多武林高手吃惊不小，我看这贺铸的笔下，似乎也能兼通宋代所有词人的绝艺似的，虽然较之苏轼、柳永、李清照、辛弃疾等顶尖词人的顶级作品，略有逊色，但贺铸能"全面发展"到这样的程度，实在也是太了不起了。

贺铸这个大才子，唯一美中不足的就是长相太丑，不够完美。但正如猪八戒所说："粗柳簸箕细柳斗，世上谁嫌男儿丑！"而且据说是："才子而美姿容，佳人而工著作，断不能永年"，要是贺铸才貌双全，可能就活不到 73 岁这样的高寿了。所以，凡事不可求完美。

贺铸长得丑，可能确实影响了他的"粉丝"数，没有柳永、秦观他们的人气高。但我却要郑重推荐他的《东山词》，里面确实是字字珠玑，不虚一读。

陆放翁

▷陆游（1125－1210年），字务观，号放翁，越州山阴（今绍兴）人，南宋文学家、史学家、爱国诗人。

▷陆游具有多方面文学才能，尤以诗的成就为最，自言"六十年间万首诗"，存世有九千三百余首，词的主要内容是书写爱国情怀，抒发壮志未酬的幽愤。散文上也著述甚丰，而且颇有造诣。其中记铭序跋之类，或叙述生活经历，或抒发思想感情，或论文说诗，最能体现陆游散文的成就。另外，在史学、书法上面也占有一席之地，为南宋文坛大家。

　　陆游是我们非常熟悉的著名爱国诗人，也是中小学课本中的常客。他一生写下九千多首诗，蔚为壮观。算来平均三天写一首诗，实在了不起。当然，陆游还算不上写诗最多的人，还有平均一天写三首的，何人？乾隆皇帝。乾隆的"御制诗"有四万余首。不过篇篇俗滥，这些"金字御诗"少有人问津——宁吃鲜桃一口，不吃烂杏一筐。

　　不过，写这么多的诗，陆游自己的感觉未必很好，我们现在一提某某大诗人，就竖起大拇指，但在当时，陆游的理想可不是当一个"大诗人"（宋代不再以诗赋取士，也没专职的"诗人"），陆游平生所愿是"下马草军书，上马击狂胡"，能够杀敌报国，封侯万里。

　　过节时我们经常互相祝愿"事事如意"，但陆游这一生却堪称"万事不如意"，陆游情场职场双失意，婚姻事业两失败。有其诗为证："不如意事常千万！"

山盟虽在，锦书难托

　　陆游有一段被后人反复搬上戏台和银幕的爱情故事，那就是他和爱妻唐婉的凄凉遭遇。人说陆游和唐婉是表兄妹，还有人猜测陆游的母亲这样仇恨唐琬，是因为未出嫁前，就和唐琬的母亲（其嫂子）有矛盾。其实据考证，陆游的母亲虽也姓唐，但其祖辈是北宋时的名臣唐介这一系，其兄弟名字中都有"心"字，如懋、愿、恕、意，等等，而唐琬的父亲叫唐闳，是宣和年间的鸿胪少卿唐翊之子，唐琬的叔叔大爷们也都是"门"字框的，如唐阅、唐阅等，所以，陆游和唐琬并不像贾宝玉和林黛玉一样是姑表关系。

然而，就算没有这一层关系，婆婆和儿媳也是"天敌"，陆母见唐琬和陆游如胶似漆，终日缠绵，心中就烧起一把无明火。我们今天所上演的"婆媳大战"，婆婆和媳妇可能互有"胜负"，但是在古代，却是婆婆掌握着绝对优势的，不然也没有"多年媳妇熬成婆"这句话了。

陆母把唐琬赶走，为陆游另娶了一个姓王的女子。她倒是那种笨笨的贤妻良母，给陆游生了六子一女，缠了陆游一辈子，活了七十多岁才死。

陆游和唐琬，简直就是一出宋代版的《孔雀东南飞》，这一幕千古伤情的故事，让多少有情难聚的痴男怨女，感同身受，泪洒春风。

沈园相会的故事，这里就不再重述了。唐琬触目伤情之后，竟郁郁而终。陆游却能健健康康地活到八十多岁，看来感情这件事，对于女人的伤害，是远远大于男人的，正是"士之耽兮，犹可说也；女之耽兮，不可说也"！

当然，这一场劳燕分飞的悲剧也成为陆游终生的伤痛回忆，而且，接近暮年后，陆游的眼前更加频繁地浮现出唐琬的身影。正如王献之弥留之际，问他有什么放不下的心事时，他说："不觉有馀事，唯忆与郗家离婚"——王献之的原配是郗氏女，夫妻恩爱欢洽，但不想公主看中了他，强迫王献之离婚后与之成亲。王家迫于权势，不得不照办。所以王献之觉得心中有愧。陆游临终时的心情，也大致如此，他一生中最对不起、放不下的人，就是唐琬了。

如今，读罢这些写"沈园"的诗句，我们依然能感觉当年陆游笔砚里滴下的一泓老泪：

梦断香消四十年，沈园柳老不吹绵。此身行作稽山土，犹吊遗踪一泫然。

城上斜阳画角哀，沈园无复旧池台。伤心桥下春波绿，疑是惊鸿照影来。

路近城南已怕行，沈家园里更伤情。香穿客袖梅花在，绿蘸寺桥春水生。

城南小陌又逢春，只见梅花不见人。玉骨久沉泉下土，墨痕犹锁壁间尘。

沈家园里花如锦，半是当年识放翁。也信美人终作土，不堪幽梦太匆匆。

这其中饱含的真情，绝非造作敷衍之句可比。随着时间的流逝，沈园的池台早已不再是当年的模样，就连柳树也枯老不堪，但心中的刻骨伤痛，不但没有随着时光磨灭，反而却越发清晰，犹如昨日。在人生最后的迟暮岁月，陆游依旧来凭吊"沈园"——他一生的伤心之地，凭吊唐琬——他一生最爱的知己红颜。

然而，陆游辜负了唐琬这个才女还算罢了，后来在四川时，又辜负了另一位多情才女。这个才女连名字也没有留下来，后人只好称她为"陆游妾"。

她是一名驿卒的女儿，陆游于茫茫旅途中偶然住在了这一处驿站，看到了墙上所题的一首诗："玉阶蟋蟀闹清夜，金井梧桐辞故枝。一枕凄凉眠不得，挑灯起作感秋诗。"字迹娟秀清丽，似是女子的手笔。陆游惊讶之余，不禁询问是何人所写。不料想就是此地驿卒之女。此女听说是大诗人陆游，心下十分倾慕。陆游见她容貌娴雅，文采不俗，也是十分喜爱。彼此有意，所以陆游就纳她为妾。也许，从这个能诗善赋的女孩子身上，陆游依稀感受到当年和唐琬文词相娱的欢乐。

然而，不到半年，这件事就被陆游的大老婆王夫人知道，她大发雌威，赶走了这个女子。但凡有才情的女子都是顾脸面有自尊的，她不会留下来死缠烂打，只有悄然离去。于是她留下这首词后，就此再无音讯：

生查子

只知眉上愁，不识愁来路。窗外有芭蕉，阵阵黄昏雨。

晓起理残妆，整顿教愁去。不合画春山，依旧留愁住。

　　长沙美女教授杨雨，在百家讲坛上说陆游是"武林高手"加"情场懦夫"。陆游是否真是"武林高手"，后面我们再讨论，说其是"情场懦夫"，我倒是基本赞同的。陆游写诗，常夸口："奋戈直前虎人立，吼裂苍崖血如注"，但却奈何不了家里两位"母老虎"——他妈和他老婆。

　　有人叹道："夫爱妻见逐于母，爱妾复见逐于妻。放翁于家室之间，何多不幸欤！"可怜之人，必有可恨之处，如果说陆游和唐琬的被迫离异，是因为母命难违，这确实有几分为难，不能全怪他懦弱，而这一次留不住这个"四川唐琬"，就真的是怪陆游浑身上下没有"刚骨"了。

　　这时候的陆游已不再是未成家立业的小孩子，而且旧时纳妾也是十分正当的举止，不像现在是非法的，如果陆游真的发起狠来，要留这个小妾，也并非是很难办到的事。

　　所以，如果哪位美眉穿越到宋代去，千万离陆游远着点，虽然他相貌好，才华高，但是和他在一起，没有依靠，没有安全感。这是个一生负尽美人恩的家伙，等到你伤心而死，伤心而去，再洒些眼泪，写些"唤回四十三年梦，灯暗无人说断肠"、"人间万事消磨尽，只有清香似旧时"之类句子。顶什么用啊！

　　当然，如果你能穿越成非常强势的公主——宋徽宗时叫帝姬，把陆游从这两个"母老虎"手里抢出来，活生生气死她们，也是可以的。

红酥手，黄縢酒，满城春色宫墙柳。

东风恶，欢情薄。一怀愁绪，几年离索。

错！错！错！

春如旧，人空瘦，泪痕红浥鲛绡透。

桃花落，闲池阁。山盟虽在，锦书难托。

莫！莫！莫！

这首让人叹惋不止的《钗头凤》，有专家（夏承焘、吴熊和、周本淳、黄世中、陈祖美等）考证说并非是写给唐琬的，有种种资料表明是写于陆游在蜀中时。如果真是这样，那这首词就是写给这位驿卒之女的。从词意上来看，倒也十分吻合，相比起唐琬，陆游对这位驿卒女辜负更多，陆游啊陆游，你欠了多少红颜债啊！

胡未灭，鬓先秋，泪空流

陆游不但情场失意，官场也是屡遭坎坷。北伐金国，恢复中原，这个毕生渴望的理想更是渺不可及。陆游赴临安应试时，大奸臣秦桧的孙子秦埙正好也参加考试，秦桧满心想是让秦埙得榜首的，偏偏主考正直，把陆游列为头名。于是秦桧大怒，降罪于主考官，又大笔一挥，竟划掉了陆游的名字，陆游从头名状元一下子成了榜上无名。

此后，虽然得到宋孝宗的赏识，赐进士出身，但始终没有重用陆游。宋孝宗曾问："今代诗人亦有如唐李白者乎？"众人都一致推荐陆游。确实，宋人一直尊而不亲的李白，也只有陆游能领会其几分神韵，比如《关山月》这一首，就很有"李白味"：

和戎诏下十五年，将军不战空临边。朱门沉沉按歌舞，厩马肥死弓断弦。

戍楼刁斗催落月，三十从军今白发。笛里谁知壮士心？沙头空照征人骨。

中原干戈古亦闻，岂有逆胡传子孙？遗民忍死望恢复。几处今宵垂泪痕！

然而，宋孝宗也没有给陆游委以重任，大概他觉得陆游对于兵韬将略并非真正在行。陆游其实和李白差不多，都是那种性格容易冲动的人，钱钟书先生在他的《宋诗选注》中评价陆游：

"他看到一幅画马，碰见几朵鲜花。听了一声雁唳，喝几杯酒，写几行草书，都会惹起报国仇、雪国耻的心事，血液沸腾起来，而且这股热潮冲出了他的白天清醒生活的边界，还泛滥到他的梦境里去。这也是在旁人的诗集里找不到的。"

细嚼这段话，以钱钟书先生爱玩绵里藏针、明褒暗贬的性格，似乎对陆游感情过度敏感激进有所微词，等于旁敲侧击地点明陆游就是一宋代"愤青"。"愤青"性格，当诗人很合适，但当"泰山崩于前而色不变"的大将军不合适。所以，真让陆游挂帅，他能节制得了诸军悍将（话说他连家里两个"母老虎"都降不住）？他能制定周密计划，直捣黄龙？当时的南宋和金国，是一种力量平衡的局面，谁想一口气吃下谁，都是很不容易的。

当然，这里不是菲薄陆游的爱国激情，陆游的诗词，用来宣传鼓舞士气还是很好的。只不过，陆游的诗词里太偏重于幻想，比如：

雪中忽起从戎之兴戏作

其一

铁马渡河风破肉，云梯攻垒雪平壕。兽奔鸟散何劳逐，直斩单于衅宝刀。

其二

群胡束手仗天亡，弃甲纵横满战场。雪上急追奔马迹，官军夜半入辽阳。

在这方面，陆游确实和李白差不多，李白一提笔就是"为君谈笑静胡沙"，把打仗说得像请客吃饭一样简单；陆游也是一提笔就仿佛开启了游戏中的"作弊模式"——"直斩单于衅宝刀"，直接 KO 掉对手的最高统帅，接下来就出现"通关画面"——"官军夜半入辽阳"了，辽阳是当时金国的老巢，即直捣黄龙府了。

前面提过，长沙美女教授杨雨说陆游是"武林高手"，其实也很可疑。杨美女开篇就讲陆游打虎的激烈场面（无独有偶，老作家苏雪林1919年写的《陆放翁评传》，也是开篇先绘声绘色地描写陆游雪夜刺虎）：

"这老虎岂是吃素的，看到有人过来，就抬起两只前爪，站起来比那个人还要高，就向这个人猛扑过来。大家都为他捏一把汗啊。看这个人镇定自若，举起手上的长矛，就向老虎刺过去，正中老虎的喉管……"

其实，这段和武松打虎差不多的精彩故事，出于陆游的《十月二十六日夜梦行南郑道中既觉恍然揽笔作》一诗，既然是"夜梦"（好多人转述时故意忽略这二字），那就不是真事，加上陆游一贯想象力丰富，前面什么"斩单于"、"入辽阳"就是明证。所以用"有诗为证"来证明陆游真的有打虎的本领，是站不住脚的。

陆游所写的一些打虎诗，常常是梦境和幻觉交错，钱钟书先生在《宋诗选注》中也说陆游的刺虎诗："或说箭射，或说剑刺，或说血溅白袍，或说血溅貂裘，或说在秋，或说在冬……这自令人狐疑了"。

而且，钱先生还举出陆游"清醒"时的诗句，说陆游未必真有打虎的身手："心寒道上迹，魄碎莭叶低，常恐不自免，一死均猪鸡。"我们看陆游见了路上似乎有老虎的痕迹，就心惊胆寒，生怕被老虎逮住吃了，死的和猪、鸡一般毫无价值，十分窝囊。这哪里像"赤手屠熊博虎，金戈荡寇鏖兵"的大豪杰气度？所以，钱先生认为，陆游杀虎的种种描写，无非是书生大言而已，书生们什么屠龙斩鲸的大话多的是，哪里能信以为真？

这件事，依我来看，陆游在南郑军幕中供职，可能见过并参与过军中射猎打虎的场面。在万马军中，大家刀枪齐出，打死几只老虎也并不困难，陆游也可能等老虎半死不活时，上去帮忙砍上几刀，射上两箭。不过，比起后世手无缚鸡之力的文人来，陆游也算不错了，虽然他的武功可能有点"业余"。

陆游一生渴望从军效力，北伐讨金。但这个愿望却始终落空，和辛弃疾不同，陆游没有过真正的实战经历，所以他的军事才能究竟如何，也无从印证。据说有这样一件轶闻：陆游因杨沂中（此人是杨家将的后人）经常赞同议和，对他一直十分反感，但有一次在幕后详细偷听了老杨所谈论的实战经历，这才了解了用兵打仗的凶险复杂，不禁由衷地感慨"老将知兵"啊！并深刻认识到："兵岂易言哉！"

《宋史》中说陆游："晚年再出，为韩侂胄撰《南园》《阅古泉记》，见讥清议。"后人也随声附和，似乎这是陆游一生中的白璧之瑕。其实，韩侂胄虽然是一个跋扈的权臣，靠皇家的裙带关系上位，才能也平庸浅陋，不堪大任。但他力主北伐，尊岳飞为鄂王，贬秦桧为谬丑，这些都是叫人拍手称快的好事啊！然而，北伐失败后，主和派阴谋策划了政变，韩侂胄上朝时被一群军兵枪棒交加，活活打死，其爵位全被削夺。

更窝囊的是，当金人提出南宋想议和，必须送韩的人头给他们时，南宋君臣竟把韩侂胄剖棺斩下首级，送给金人。这事当时就有很多人为之不平，正如《鹤林玉露》一书中所论："譬如人家子孙，其祖父为人所杀，其田宅为人所吞。有一狂仆，佐之复仇，谋疏计浅，迄不能遂，乃归罪此仆，送之仇人，使之甘心焉，可乎哉？"所以，我觉得这韩侂胄比岳飞、袁崇焕等都冤，最倒霉的是进了《宋史》中的奸臣传，上千年臭名远扬，一提就是白鼻子奸臣形象。

这里之所以大谈一番韩侂胄的事迹，似乎有些"歪楼"，但这个人物却不可不提，因为不但本篇中的陆游因其受诋毁，后面我们要讲的辛弃疾，也是因赞同韩侂胄北伐沾上"脏水"的人，所以这里我们有必要正本清源，"把颠倒的历史再颠倒过来"，同时也给陆游和辛弃疾洗清了所谓的"污点"。

小时候读陆游、辛弃疾等人的诗词，常恨南宋皇帝昏庸弱智，为何不直接提拔陆、辛二人为抗金主帅，就此一举恢复中原，扫荡辽北？但熟读了历史，充分了解当时的形势后，才知道，陆游想要实现他的理想，实在是太难了，南宋有过两次北伐的努力，都是先胜后败，蚀本损兵。

"时来天地皆同力，运去英雄不自由"，时也，势也！以个人的力量来面对，就像推土机想挡住泥石流一样。

"死后原知万事空，但悲不见九州同。王师北定中原日，家祭无忘告乃翁"。陆游始终惦念着恢复中原的大业，然而，南宋最终还是被异族所灭，九州同了，但一统江山的却是蒙古人。目睹这一切的宋末诗人林景熙痛心地说："来孙却见九州同，家祭如何告乃翁！"

六十年间万首诗

说了半天，似乎全是在"批判"陆游。抱歉，谁让陆游欠下两位多情才女的"红颜债"呢。我心中的恨意还没消哪，所以，逮住机会狠狠批驳了一番陆游"志大才疏"的真实面目。当然，这本书里说的是文人，又不是写政治家、军事家，陆游曾有一首诗说："衣上征尘杂酒痕，远游无处不消魂。此身合是诗人未？细雨骑驴入剑门。"

"此身合是诗人未"？这事不用质疑，谁敢说陆游不是大诗人？南宋有"中兴四将"，也有"中兴四大诗人"——尤（袤）、杨（万里）、范（成大）、陆（游）。这其中，尤袤可能大家最陌生，但他的《全唐诗话》写得很好，我从中得益不少，所以对他还是很有感情的，这里替他打下广告。

陆游的勤奋是非常有名的，他所住的地方随处都放着书，无论饮食起居，随时都要偷闲看上几篇，客人来了，只见到处全是书，堆垛得像个柴房，又像鸟鹊衔树枝筑成的鸟巢，所以干脆就称他的家为"书巢"。

陆游有"六十年间万首诗"之称，同为宋代诗人的刘克庄感叹："世上好对，被放翁用尽。"陆游的诗各体兼备，但最多的是七律，所以这《剑南诗稿》里面的七言好对句多的是，笔者QQ上的签名档每天换一联陆游的好句，换上一年都没问题。心情不好时，用"志士凄凉闲处老，名花零落雨中看"；悠闲时，用"林下光阴无一事，水边窗户有余凉"；写字时，用"古纸硬黄临晋帖，矮笺匀碧录唐诗"；踏青时，用"废堞荒郊闲吊古，朱樱青杏正尝新"……炒股被套时？这个陆游集中没有，咱这里说的是诗情雅意，莫谈俗事，呵呵。

现在有不少朋友热衷于楹联对联，以下提供一些陆游的好对句，供赏玩。更多的请看《剑南诗稿》（不好意思，再次植入性广告，谁让笔者那本《千年霜月千家诗》的后记题目就是陆游的句子呢，施恩不记，受恩毋忘）：

> 闲户不知春已去，钞书但觉日方长。
>
> 晓树好风莺独语，夜窗细雨燕相依。
>
> 随风花堕残棋上，引睡书抛倦枕傍。
>
> 家贫却得身差健，夜短何妨昼熟眠。
>
> 久别名山凭梦到，每思旧友取书看。
>
> 人情静处看方见，诗句穷来得最多。
>
> 江山好处得新句，风月佳时逢故人。
>
> …………

　　对于陆游的诗，千年以来也有不同的意见，《红楼梦》里香菱一开始就学陆游诗，林黛玉"批判"道："断不可学这样的诗，你们因不知诗，所以见了这浅近的就爱，一入了这个格局，再学不出来的……"这其实代表了一部分人的意见，就是说陆游的诗浅近单薄，韵味不足。但这也是宋诗的通病，是时代的特征，不能强求陆游一人。

　　所谓"取法其中，仅得其下"，学诗时当然要向更高境界模仿，但陆游诗集中可以称得上包罗万有，当学到一定程度后，撷取陆游集中的一些好句摘缀成诗，也是一种"偷懒"的方法，当然，这样的诗，拿来应酬用可以，不要想成为传世名篇。

　　陆游的诗太多了，所以要读者自己沙里淘金，如果他自己狠狠地删削一下（据说他本来也删削过，但还是不彻底），可能效果更好些，什么时候笔者衣食无忧，闲极无聊，就把陆游的诗弄个选本来给大家看。

　　陆游一生，写诗最多，词的数量相比之下就少得可怜。不过数量虽少，但质量上乘，诸如《卜算子·咏梅》（驿外断桥边）和《夜游宫》（雪晓清笳乱起），都是现在的小学生也都熟记硬背的篇目。

　　此外，陆游的书法和文章也相当出色，故宫博物院现在还藏有他的《怀成都十韵诗》《尊眷帖》等墨宝，字迹挺拔流畅，卓有丰姿。陆游对行草似乎更为擅长，可能是为了"下马草军书"而准备的吧。他的一些小品文，写得也极好，依我看，不输于明代三袁他们的，不过因为陆游的诗词太出名，可以就被掩住了。

　　这里推荐一下他的《烟艇记》，陆游买了两间非常小的房子，狭窄的像小船一样，所以把所住的地方命名为"烟艇"——意思是烟波里的小艇一般，其中最后这一段深得我心，录出来和大家共赏：

万种之禄，与一叶之舟，穷达异矣，而皆外物，吾知彼之不可求，而不能不眷眷于此也，其果可求欤？意者使吾胸中浩然廓然，纳烟云日月之伟观，揽雷霆风雨之奇变，虽坐容膝之室，而常若顺流放櫂，瞬息千里者，则安知此室果非烟艇之哉！

"纳烟云日月之伟观，揽雷霆风雨之奇变"，有了这样广阔的胸襟，狭小的住所也不显得敝陋难堪了。正是由于陆游这样广阔的胸襟，他才得享 85 岁的高寿吧。

陆游还有一本笔记类的作品，叫《老学庵笔记》，当时他都很老了，但还是好学不倦，所以把居所取名为"老学庵"。这本书拉拉杂杂地记载了一些趣闻逸事，非常有史料价值。像什么"只许州官放火，不许百姓点灯"的典故，就从此书中来。

不管怎么说，陆游堪称南宋文坛的梁柱，虽然中兴四大诗人的名序他在最末，但论影响力，他却当之无愧地稳坐首席。

"闻道梅花圻晓风，雪堆遍满四山中；何方可化身千亿，一树梅花一放翁！"如果说春雨中盛开的娇艳红杏，是北宋文人衣袖上常沾濡的馨香，那骨格清奇、香远神秀的梅花，则带着南宋文人们的气息。陆游在梅树下的那件青衫，其实也就是整个南宋士子们的背影。

| 诗 | 酒 | 淋 | 漓 |

张孝祥

▷ 张孝祥（1132－1170年），字安国，别号于湖居士，历阳乌江（今安徽和县乌江镇）人。南宋著名词人，书法家。为唐代诗人张籍之七世孙；少年时阖家迁居芜湖（今安徽省芜湖市）。

▷ 张孝祥才思敏捷，词豪放爽朗，风格与苏轼相近，但也有婉约风格的情词，深婉清丽，情切意深。诗风清婉俊逸，诗意深隽奇正、诗韵平实简淡。他的文章，在当时就受到很高的评价，气质古雅，晓畅自然，为时所誉。

前一篇说过，宋孝宗曾问："今代诗人亦有如唐李白者乎？"众人都一致推荐陆游。其实依我看，当时更有一位才子文思飘逸，高卓不俗，大诗人杨万里曾夸他"当其得意，诗酒淋漓，醉墨纵横，思飘月外"，比起陆游，他从气度上来看更接近李白。他就是年纪轻轻就高中状元的张孝祥。

张孝祥是南宋初年有名的少年才俊，16 岁就通过了乡试。我们知道，范进困顿多年，得知榜上有名后喜极发疯，也不过仅仅是刚刚通过了乡试而已。科场大比时，张孝祥和陆游是同时应试的。前面说过，秦桧指使其党羽作弊，想将自己的孙子秦埙定为科甲第一名，结果主考官倒是秉公办事，头名定的是陆游。秦桧大怒，罢黜了主考，强行改孙子秦埙为状元，又干脆将本该是榜首的陆游这个名字一笔勾掉，以免再和秦埙竞争。

可是没料想到，宋高宗又亲自主持了一次面试，这下秦埙原形毕露，他笔下文理不通，一塌糊涂。而张孝祥却从容不迫，思如泉涌。据《四朝见闻录》载，张孝祥面见宋高宗时竟是"宿醒未解"——昨晚上喝的酒还没全醒哪！但酒能成事，也能败事，看是什么人，武松醉中能打虎，李白醉中写好诗，张孝祥和李白的脾性相仿，说不定有了酒意，反倒消除了紧张心情。当下他痛快淋漓地写就一篇长文，洋洋达万言，宋高宗看到这一张答卷如此纸高轴大，先就惊讶万分，再看书法翰墨遒劲，颇类颜真卿，文字也是声韵激越，气势高亢，不禁大为赞赏。当下将23岁的张孝祥钦点为状元。但宋高宗对老贼秦桧还是挺照顾的，题秦埙为第三名探花。

老贼秦桧心下恼怒，但不便当时就发作，于是阴阳怪气地说："皇上不但喜欢状元的文章，还喜欢状元的诗和字，张状元可真称得上是三绝啊。"说罢，又冷笑着问张孝祥学的是什么字，谁的诗。张孝祥不卑不亢地说："我学的是颜真卿的字，杜甫的诗。这二公都是一身正气。"秦桧知道张孝祥话中有话，三角眼一斜，恨恨地说道："天下的好事，可让你都占了！"

于是，秦桧从此就把张孝祥看成是眼中钉，肉中刺。这时，看到张孝祥才貌双全，又得皇帝赏识，当真是前途无量，临安府尹曹泳迫不及待地表示想把女儿嫁给张孝祥。这个曹泳，也是秦桧一党，他的妹妹有几分姿色，嫁给了秦桧的儿子秦熺，从而靠裙带关系当上京城里的行政长官。

能攀上这样的权贵，按说是求之不得的事情。但张孝祥还是一口拒绝了，曹泳弄了个"烧鸡大窝脖"，直恨得牙根痒痒，也决意要报复张孝祥。

其实，张孝祥此时早就有一名叫李氏的妻室，并生有儿子。但不知为何，他当时的履历上，写的却是"未婚"。有人分析说，张孝祥是因为深爱李氏这名女子，才力拒权臣所提的婚事，这恐怕不完全符合事实。

试想，如果张孝祥和李氏的婚姻早就很正常，那他的履历为什么写"未婚"？但如果说张孝祥"装处"是为了学陈世美停妻再娶，那他为什么不答应这门婚事？可见，他还是讨厌秦桧一党的为人。但更值得我们思考的是，事实上，堪称"钻石王老五"的张孝祥，没娶任何王公大臣的名门之女，却娶了其二舅的女儿时氏为妻。

事情讲到这里，脉络渐渐清晰，依我的分析，张孝祥的烦恼大概和陆游一样，都是出于其母亲的干涉。他母亲不喜欢李氏，虽然张、李二人早已生米做成熟饭，还生下了儿子张同之，但依然被硬生生地拆散，然后张母不知用了什么软硬兼施的手段，让这个才貌双全的青年状元最终娶了她娘家人生下的平庸女儿。张孝祥是孝子，为尊者讳，所以也没有大肆宣扬其母这种强横无理的行径。

可怜这个姓李的女子，真像歌曲《白狐》里唱的："我爱你时，你正一贫如洗寒窗苦读；离开你时，你正金榜题名洞房花烛。"张孝祥只好狠下心，把她安置到原籍浮山，李氏矢志不再嫁，托名修道，寂寞终生。好在她还有个儿子张同之可依靠，不至于孤苦无依。

这一首词，就是张孝祥送别她们母子时写的：

风帆更起，望一天秋色，离愁无数。明日重阳尊酒里，谁与黄花为主？别岸风烟，孤舟灯火，今夕知何处。不如江月，照伊清夜同去。

船过采石江边，望夫山下，酹水应怀古。德耀归来虽富贵，忍弃平生荆布？默想音容，遥怜儿女，独立衡皋暮。桐乡君子，念予憔悴如许。

通过这一首《念奴娇》，我们仿佛看见张孝祥伫立在黄昏的夜风里，无奈地和爱妻、幼子分别，看着那风帆远去，恨不得自己能和江上的明月一样，万里随行，始终相伴。此时，空有一身才气的他，却无计留住自己最心爱的人，他不怕刀枪的锋刃，不怕任何的强敌。但这件事上，他却是如此的脆弱，因为他的"对手"是自己的母亲。

"德耀归来虽富贵，忍弃平生荆布？"这一句，明确说明了并非是张孝祥高中金榜后变了心，而是有不得已的苦衷。两人就此分离，终朝思念，张孝祥曾写道："犹自待、青鸾传信，乌鹊成桥。"直到张孝祥（他３８岁早逝）去世前二年，还写下这样一首词：

转调二郎神

闷来无那，暗数尽、残更不寐。念楚馆香车，吴溪兰棹，多少愁云恨水。阵阵回风吹雪霰，更旅雁、一声沙际。想静拥孤衾，频挑寒炧，数行珠泪。

凝睇。傍人笑我，终朝如醉。便锦织回鸾，素传双鲤，难写衷肠密意。绿鬓点霜，玉肌消雪，两处十分憔悴。争忍见、旧时娟娟素月，照人千里。

"强扭的瓜不甜"，他的表妹时氏虽然嫁了万人眼中的"如意郎君"，但估计张孝祥一直没给她什么好脸色看，结果时氏当了张夫人后，没过四五年就郁郁而终了。看，这万恶旧社会的包办婚姻，一下子至少害了三个人。所以说，我在评《红楼梦》时，一直赞同续书中的情节安排，"调包计"固然情节俗套，但旧时这样的婚姻悲剧却是屡见不鲜的，是有广泛的生活基础的。

再说秦桧老贼和其爪牙曹泳，见张孝祥竟然敢公开和他们做对，不久就下了毒手，先是罗织了张孝祥父亲张祁的罪名，将他诬陷下狱，并进一步想构陷张孝祥，必欲置之死地而后快。好在天佑良善，正在这个时候，秦桧老贼发病死掉了，高宗也听说这事是因张孝祥拒婚而起（"近日张祁坐狱，皆是曹泳以私憾诬致其罪"），于是，张孝祥逃过一劫。

张孝祥为人英气勃发，风流倜傥。他和陆游、辛弃疾一样，力主北伐抗金，写下了大量的爱国诗词，其豪放之气度，上承苏东坡，下开辛弃疾：

六州歌头

长淮望断，关塞莽然平。征尘暗，霜风劲，悄边声。黯销凝。追想当年事，殆天数，非人力，洙泗上，弦歌地，亦膻腥。隔水毡乡，落日牛羊下，区脱纵横。看名王宵猎，骑火一川明。笳鼓悲鸣。遣人惊。

念腰间箭，匣中剑，空埃蠹，竟何成。时易失，心徒壮，岁将零。渺神京。干羽方怀远，静烽燧，且休兵。冠盖使，纷驰骛，若为情。闻道中原遗老，常南望、羽葆霓旌。使行人到此，忠愤气填膺。有泪如倾。

这首词，写于抗金主帅张浚在建康（南京）所设的宴席上。如今读来，仍觉激昂慷慨，不可抑遏。《六州歌头》词句短促，越发显得字字有力，声声铿锵。当时国仇家恨凝集于心的南宋官员将士，听罢都是热泪盈眶，感慨唏嘘。张浚也是"罢席而入"——放下酒杯，走进内室，以免让人看到自己因激动而失态的样子。

张孝祥"平昔为词，未尝著稿，笔酣兴健，顷刻即成，初若不经意，反复究观，未有一字无来处……"他的词，一看就不是那种捻须苦吟的作品，而是清逸健爽之作，这一点和李白、苏轼十分相似，我最喜欢他这首《念奴娇·过洞庭》：

洞庭青草，近中秋、更无一点风色。玉鉴琼田三万顷，着我扁舟一叶。素月分辉，明河共影，表里俱澄澈。悠然心会，妙处难与君说。

应念岭表经年，孤光自照，肝胆皆冰雪。短发萧疏襟袖冷，稳泛沧溟空阔。尽吸西江，细斟北斗，万象为宾客。扣舷独啸，不知今夕何夕。

这首词写于公元 1166 年，34 岁的张孝祥从广西桂林被降职后北归，然而，正如他词中所写"世路于今已惯，此心到处悠然"，途经洞庭、青草两湖时，正是 8 月中旬，明月虽然尚未圆满，但天朗气清，静影沉璧，也是难得的好景色。张孝祥豪兴顿起，写下了这首词。

广袤浩渺的洞庭湖波，此时如软玉一般温润。一叶小舟遨游于天水之间，越发显得空渺疏旷。素洁的月光和星光，照映在水晶般剔透的湖水中，整个世界也仿佛变得通明澄澈。张孝祥目睹此景，忍不住向天地敞开他光风霁月般的胸怀，心如玉壶，纤尘不染，自是无得无失，无愧无畏。直欲以江水为酒，北斗为杯，万物为宾客，这等吞星吐月般的豪情，不逊于当年的李太白。

假如张孝祥能像陆游一样高寿，那么他在宋代文坛上的地位，绝不会是现在这个样子。只可惜，他的生命只有短短的 38 个春秋。

张孝祥是在芜湖长大的，所以自号于湖居士。于湖是唐宋时人们对芜湖的别称。他生于此，死于此，公元 1170 年 7 月，暑热难当，张孝祥置酒送别好友抗金名将虞允文，在芜湖舟中畅饮，因中暑不幸猝死。消息传开，大家无不扼腕叹息，张浚之子张栻著文悼之曰：

> 嗟呼！如君而止斯耶？其英迈豪特之气，其复可得耶？其如长江，巨河奔逸汹涌，渺然无际，而独不见其东汇溟渤之时耶？又如骅骝，绿耳追风绝尘，一日千里，而独不见其日暮锐驾之所耶？此栻所以痛之深，惜之至，而哭之悲也。

是啊，上天为什么不让张孝祥这样的才子多留驻人间几十年，再写上几千几百篇好诗好词呢？

|词|中|之|龙|

辛弃疾

▷辛弃疾（1140－1207年），字幼安，号稼轩，山东东路济南府历城县（今济南市历城区遥墙镇）人。南宋豪放派词人，有词中之龙之称，与苏轼合称苏辛。

▷其词艺术风格多样，以豪放为主，风格沉雄豪迈又不乏细腻柔媚之处。其词题材广阔又善化用前人典故入词，抒写力图恢复中原，促进国家统一的爱国热情，倾诉壮志难酬的悲愤，对当时执政者的屈辱求和颇多谴责，也有不少吟咏祖国河山的作品。

　　辛弃疾是宋词大家，和苏轼同为豪放派的领军人物，故有苏辛之称。他是喝济南的泉水长大的，如果您有机会坐飞机降落在济南遥墙机场，请记着，八百多年前，童年的辛弃疾就在这里玩哪。

　　我们山东济南出了两大词人，一男一女，女为李易安（李清照），男为辛幼安（辛弃疾），有人合称为"济南二安"。这名听起来不顺耳，不知道的还以为是化肥名（磷酸二胺）哪。

　　辛弃疾生于齐鲁大地，久沐燕赵豪情，时人赞道："眼光有棱，足以照映一世之豪。背胛有负，足以荷载四国之重。"由此可见，辛弃疾一副不怒自威，神采奕奕的英雄相貌。

　　所以，辛弃疾写起词来和久居江南的文人气象迥异，不得不承认，南方人和北方人的气质大不相同，像金主完颜亮写雪，就不是"柳絮因风起"什么的，而是"天丁震怒，掀翻银海，散乱珠箔……皓虎颠狂，素麟猖獗，掣断真珠索。玉龙酣战，鳞甲满天飘落"。很有点在"雪地里撒点野"的味道。所以我觉得，宋代没了幽云十六州，文坛的英豪气也被阉割了大半。

壮岁旌旗拥万夫，锦襜突骑渡江初

　　辛弃疾堪称"人中之杰，词中之龙"，如果生在现在，也是清华北大的高才生。辛弃疾在金国时，有个同学叫党怀英，也是大才子。曲阜孔庙里"杏坛"那两个篆字就是他写的（"文革"中，孔庙的古碑几乎全被砸烂，但党怀英因为姓党，没有人敢砸"党"，故而幸免）。党怀英诗词也不错，笔下这首《鹧鸪天》，不输江南文士："云步凌波小凤钩，年年星汉踏清秋。只缘巧极稀相见，底用人间乞巧楼。天外事，两悠悠。不应也作可怜愁。开帘放入窥窗月，且尽新凉睡美休。"

　　话说辛弃疾和党怀英人各有志，分别前两人携酒登高，指点山河。晚风中，辛弃疾抑制住心中的伤别之情，爽朗地说："吾友安此，余将从此逝矣！"自此一别，两人就各为其主了。党怀英后来当了金国的翰林学士。而辛弃疾起兵后投奔宋朝后，当时有制度，非科举中第者不能堂堂正正地做官。辛弃疾哂笑道："这有何难，我只要花三百个铜钱（合现在人民币十几块钱），买本时文（相当于教辅材料）看下就行啦。"结果辛弃疾果然一举登第，宋孝宗听了这个故事，见了辛弃疾后含笑说："你就是那个用三百铜钱买朕的官位的人啊！"说来，辛弃疾堪称花钱最少的"买官者"。

　　辛弃疾22岁那年，金主完颜亮有一统天下的野心，他扬鞭狂吼"提兵百万西湖上，立马吴山第一峰"。然而，仓促南征的完颜亮被宋朝名臣虞允文击败后，死于金国发生的内乱，这时候中原义军也如雨后春笋般到处涌出，辛弃疾也率众揭竿而起。

　　然而，金主完颜雍即位后，金国全力收缩兵力稳定北方，围剿力度空前加大。各路义军各自为战，生存十分困难，只有合兵一处，做大做强，才有希望。于是辛弃疾主动投奔到最大的一股义军——耿京率领的队伍中。耿京任命辛弃疾为掌书记，相当于参谋加政委这样的角色。

　　当时的义军中也是人心各异，有个叫义端和尚的头领居然偷了大印去投降金人，被辛弃疾追上砍了。眼见义军形势越来越危险，辛弃疾建议和南宋官方取得联系，找机会把队伍带到江南去。耿京本想派自己的铁哥们贾瑞去，但这个贾瑞是个粗鲁武夫，还不如《红楼梦》里那个调戏王熙凤的贾瑞识得几个字呢，见了皇帝根本无法应对，于是就派辛弃疾和贾瑞一起去。

　　当时的南宋皇帝是宋高宗赵构，虽然现在常骂赵构是"投降派总头子"，但见到有人带兵投奔，还是非常欢喜，于是给耿京、辛弃疾、贾瑞等都重加封赏。当辛弃疾高高兴兴地回去复命时，却出现了意想不到的情况：这段时间内，义军中有个叫张安国的叛徒杀掉了耿京，率军降了金国。如此情形下，一般人只怕心胆早寒，抓紧撒丫子向南跑到南宋境内算了。

　　然而，辛弃疾此时体现出难得的英雄风范，他率领身边区区50来个人，深夜突袭有5万人之众的金军大营，把这个张安国生擒活捉，并召回一部分义军兄弟，一起投奔了南方。洪迈后来在《稼轩记》中感慨道："赤手领五十骑缚取于五万众中，如挟蠶兔，……壮声英概，儒士为之兴起，圣天子一见三叹息。"确实，23岁的辛弃疾，这一手干得实在是精彩，其胆识和勇气，简直就是真实版的"百万军中取上将首级"，《三国演义》中神乎其神的什么"甘宁百骑劫曹营"也不过如此。

所以，辛弃疾的军事能力是经过实战检验的，堪称一位文武兼备的奇才，和到底还是书生出身的陆游大不相同。我要是宋朝皇帝，肯定要重用辛弃疾，纸上谈兵的陆游嘛，当个军宣队里的干事好了。

对于这一段历史，辛弃疾也颇为自豪，所以有词曰：

鹧鸪天

有客慨然谈功名，因追忆少年时事，戏作。

壮岁旌旗拥万夫，锦襜突骑渡江初。燕兵夜娖银胡䩮，汉箭朝飞金仆姑。

追往事，叹今吾，春风不染白髭须。却将万字平戎策，换得东家种树书。

却将万字平戎策，换得东家种树书

辛弃疾的词中，常透出壮志难伸、英雄空老之感。语文课堂上也经常大讲辛弃疾受南宋小朝廷投降派的打击压迫，长期落职闲居。似乎辛弃疾这位大英雄被南宋昏君"封杀""雪藏"了一样。其实细查《宋史》，发现南宋皇帝待辛弃疾不薄，给他封的官可不小。像什么江西提点刑狱，相当于现在的省检察长、省公安厅长、省高级法院院长三个职位于一身，而且当时是直接向中央负责，不受当地政府节制。

另外，辛弃疾还担任过各地的安抚使，江西、浙东、湖南、湖北、福建的安抚使他都做过。不少书中虽然也提过辛弃疾担任过安抚使，但并不详细解释，不少读者不知安抚使到底是一个什么官，往往望文生义，还以为安抚使就是带着猪羊酒饭犒劳一下军队，发发奖品什么的呢。其实安抚使可不是"弼马温"，这官职总揽一省的军政大权，相当于大军区司令的职务，并且可以"便宜行事"，是实际中的省级一把手。南宋最重要地区的"军区司令员"都让辛弃疾当过，还不算重用吗？难道封他为"天下都招讨，兵马大元帅"（这是小说评书中的头衔，实际没这职位），总揽全国的军事大权？

当时的朝中小人弹劾辛弃疾时常说他"杀人如草芥，用钱如泥沙"，确实当时好多人都很怕辛弃疾。著名词人陈亮，后来和辛弃疾是好朋友，但一开始他对辛弃疾也是心怀畏惧。两人初会面时，喝得大醉，辛弃疾和他细谈天下大势，说杭州这个地方不适合当都城，无险可守——"钱塘非帝王居，断牛头之山，天下无援兵，决西湖之水，满城皆鱼鳖"。陈亮半夜酒醒后，竟然和进曹营盗书的蒋干一样心虚起来，他听说辛弃疾杀人不眨眼，心想辛弃疾一时酒后失言，将军事秘密说给我听了，清醒了心下后悔，干脆杀了我灭口怎么办。于是陈亮连夜偷了辛弃疾的一匹宝马逃之夭夭，过了一个多月，又写信给辛弃疾说明原委，辛弃疾性格豪爽，不以为忤，还资助他十万缗钱。陈亮这人也是个惹祸精，后来好几次出事（家僮杀人，等等），都是辛弃疾救了他。

同时，辛弃疾还有一个好友叫刘过，刘过字改之，金庸先生写的神雕大侠杨过也是字改之，可能是由此而来。刘过和陈亮一样写有不少的好词，但性格也是疏狂不羁的荡子脾气。他曾和朋友吴平仲一起去妓家喝酒，有个叫盼儿的歌妓本来是吴平仲的相好，而刘过文采好，写了首词，其中有什么"云一窝，玉一梳，淡淡衫儿薄薄罗，轻颦双黛蛾"之句，盼儿心下欢喜，就爱上刘过了。于是吴平仲大怒，拿了刀子要捅刘过，刘过一闪，把盼儿捅成重伤，被官府知道后，刘过被捉进大牢，吃了官司（《浩然斋雅谈》）。

刘过写过这样一首词：

沁园春

斗酒彘肩，醉渡浙江，岂不快哉！被香山居士，约林和靖，与坡仙老，驾勒吾回。坡谓："西湖正如西子，浓抹淡妆临照台。"诸人者，都掉头不顾，只管传杯。

白云："天竺飞来，图画里，峥嵘楼阁开。看纵横一涧，东西水绕。两山南北，高下云堆。"逋曰："不然，暗香疏影，只可孤山先探梅。"须晴去，访稼轩未晚，且此徘徊。

这首词非常像辛弃疾的风格，意境也很有趣。刘过假想白居易、林逋、苏东坡这几个不同时代的人聚在一起，在西湖边徘徊游玩，还各发议论，很有现在"穿越"派的思绪。虽然该词被岳飞的孙子岳珂讥为"白日见鬼"，但辛弃疾很喜欢，好酒好肉留刘过住了一个多月。刘过挥金如土，不知节俭，辛弃疾给他的一百万钱很快花了个精光。这天刘过家中来信，说母亲病重，要他回乡，刘过一摸口袋，又是空空如也，没剩下几个钱。辛弃疾眉头一皱，计上心来，于是二人微服到妓院里去"抓嫖"。

辛、刘二人"抓嫖"，不去洗头房拿小角色，只去高级娱乐场所逮官员。二人去了当地最好的青楼，撞见一位都吏正在喝花酒，见了衣衫破旧的辛、刘二人，以为是叫花子要小钱，高声叱骂，命仆人推搡出去。二人大笑而归，回到帅府，辛弃疾就以有紧急公务为名传唤这名都吏，这名都吏正在青楼快活，没人能找到。直到天明后才听说辛大帅黉夜呼唤，当下惶急不堪地赶来。辛弃疾一脸怒色，要将他发配到远恶军州，这人吓得魂不附体，情愿以罚代刑。于是辛弃疾罚了他一千万钱，给刘过买了条船后，把这一千万钱交给他，嘱咐他以后花钱节制些。

正是因为辛弃疾官职显卓，他这才有条件闲居带湖之畔过闲逸的日子，辛词中留给我们的印象是："茅檐低小，溪上青青草。醉里吴音相媚好，白发谁家翁媪？大儿锄豆溪东，中儿正织鸡笼。最喜小儿无赖，溪头卧剥莲蓬。"一副田园中普通农家的风光。但事实上辛弃疾可不是像穷酸老杜那样住低小的茅屋，他是在"有旷土，三面附城，前枕澄湖如宝带"的好地段盖了一座"筑室百楹"的别墅。这栋庄园极为宏丽，据说朱熹曾"潜入去看，以为耳目所未睹"——朱老夫子偷偷去参观，惊叹道："我从来没见过这样漂亮的园子和房子！"

辛弃疾的身边，也不仅仅是大儿、中儿、小儿相伴，"老婆一个，孩子一大帮"，这是穷人的标志。人家辛弃疾老婆也是一大帮，身边珠环翠绕，娶有整整、钱钱、田田、香香、可卿、飞卿等多名姬妾。"倩何人唤取，红巾翠袖，揾英雄泪"？辛弃疾身边的红巾翠袖可真不少啊。

随便说一下，整整这个小美女擅长吹笛，后来被辛弃疾送给一个看病的医生了。当时辛弃疾的夫人病重，辛弃疾就指着整整对医生说，你能医好就送她给你，结果可能辛夫人听后一高兴，病就好了，可是整整倒霉了，只好收拾东西离开了辛府。真是"为人莫作妇人身，百年苦乐由他人"。古时妻和妾的地位，那可差多了。古书记载粗略，不知这医生长什么模样，但我的印象中古代医师多是一把山羊胡子的猥琐相，想来不会像刚从蝴蝶谷出师的张无忌那样俊俏。

辛弃疾还有一首词，是写给其妾可卿（前面有贾瑞，这里有可卿，红学家们眼前一亮，又有新发现了哦）的：

西江月　题可卿影像

人道偏宜歌舞，天教只入丹青。喧天画鼓要她听，把着花枝不应。
何处娇魂瘦影，向来软语柔情，有时醉里唤卿卿，却被傍人笑问。

从词中看，可卿大概是芳年早逝，辛弃疾对她十分怀念，所以画了她的影容来不时展看。画上的可卿手把花枝，妩媚可人，然而，再热闹的场景她也看不到了！"喧天画鼓要她听，把着花枝不应"，此语好痴，读来令人鼻酸。都说辛词粗犷，其实这首词细读下来，其深情微婉处，当可与秦观争角，柳永那些逢场作戏的词，不堪相侪。

了解以上的事情后，有人可能会说：原来辛弃疾在糊弄我们啊，他"黄金屋"住着，"千钟粟"领着，"颜如玉"抱着，还发什么牢骚？其实，辛弃疾的感慨并非是无病呻吟，贪心不足，他一生最大的理想，就是北伐中原，收复旧日山河。

不过，宋孝宗经过符离之败后，一朝被蛇咬，十年怕井绳，不敢再发动对金的全面战争。其实这样的考虑也有道理，当时金国皇帝是有"小尧舜"之称的完颜雍，金国政治经济都相对安定，而且南宋缺乏强有力的骑兵部队，一旦进入中原和擅长骑射的金兵对战，是以己之短来克敌之长，十分不利。如果南宋主力部队被绞杀在中原，那么江南也难保了，这是南宋皇帝最担心的事情。

所以，辛弃疾一直等了四十多年，直到六十多岁时，才迎来韩侂胄北伐的"机遇"。说实话，韩侂胄兴心北伐，其中一个因素，就是辛弃疾为代表的主战派经常鼓动的结果。

然而，真正开战后，辛弃疾的心情还是十分复杂的，胸中的千思万绪都浓缩在这首《永遇乐·京口北固亭怀古》之中：

千古江山，英雄无觅，孙仲谋处。舞榭歌台，风流总被，雨打风吹去。斜阳草树，寻常巷陌，人道寄奴曾住。想当年，金戈铁马，气吞万里如虎。

元嘉草草，封狼居胥，赢得仓皇北顾。四十三年，望中犹记，烽火扬州路。可堪回首，佛狸祠下，一片神鸦社鼓。凭谁问：廉颇老矣，尚能饭否？

这首词，被人赞为辛词第一。语文课本中应该是讲过的，不过课堂上讲时，往往是单纯的析字解词，只见树木，不见森林，其中的深刻背景往往忽略。所以我敢说，好多人其实没真正读懂这首词。孙仲谋沾了《三国演义》的光，还熟悉点，什么刘寄奴、元嘉、狼居胥、佛狸一大堆典故，让人一头雾水。关于这首词，有个小故事，说是辛弃疾向大家征求意见时，岳飞的孙子岳珂提出来用典太多，所以后人也纷纷附和，说辛词有"掉书袋"的毛病。

小时候，笔者也觉得辛弃疾东拉西扯，弄出许多典故来唬人，想必是显摆自己有学问。现在却觉得，辛词是有用典过多的毛病，但这一首词却用得恰到好处。你可以试一下，如果不用典故，也表达同样容量的思想内涵，恐怕写上两三千字的文章都不见得比这首词"给力"。所以，当年的辛弃疾反复把这首词看了一个月，改了十几遍，最终还是保留原样。

从"元嘉草草，封狼居胥，赢得仓皇北顾"这几句来看，辛弃疾绝非头脑冲动一味喊打喊杀的"愤青"一族，而是深谋远虑的兵法大家，对于北伐的艰巨性和危险性有足够的认识。

"元嘉草草"，正是说南朝宋文帝刘义隆听大臣王玄谟满口冒白沫地鼓吹北伐，不禁热血沸腾，说："闻玄谟陈说，使人有封狼居胥意"（汉卫青、霍去病大败匈奴，在狼居胥山祭天）。结果真打起来却一败涂地，导致两淮残破，胡马饮江，把父亲刘裕留下的老本赔掉了大半。

相比之下，陆游当时听了北伐的消息，只知道激动得白胡子乱颤，写下"中原蝗旱胡运哀，王师北伐方传诏。一闻战鼓意气生，犹能为国平燕赵"之类的诗句，明显缺乏对北伐大业困难性的考虑，暴露了他只是业余军事爱好者的本质。但凡兵家老手，都是未虑胜，先虑败，由此可见，辛弃疾是真正"知兵"之人，和陆游不是同一段位的。

然而，韩侂胄的北伐还是以惨败告终，形势不利时，韩侂胄想请辛弃疾全面主持北伐大业，但是辛弃疾此时却是疾病缠身，没有能赴任，就在遗憾中离开了人世。"廉颇老矣，尚能饭否"？老将雄心虽在，但老了毕竟是老了，不服老也不行啊，客观地说，如果辛弃疾真能再坚持一段时间，抱病率军北伐，在当时南宋军兵积弱已久的情况下，也很难有成功的希望。

当然，这里并非否认辛弃疾是一位卓有才干的英雄人物，如果不是宋代那种"防内甚于防外"制度，辛弃疾当更有一番不凡的作为。

清人陈廷焯就这样分析："稼轩有吞吐八荒之概而机会不来，正则为郭、李，为岳、韩，变则为桓温之流亚。"

意思是说，辛弃疾的机会不好，如果给他风云聚会的好机会，他可能是郭子仪、李光弼这样的名将，至不济也是岳飞、韩世忠一流的人物，但如果往坏处想，也可能成为桓温这样挟制皇帝的权臣。对于宋朝皇帝来说，他们最怕的就是后者，并始终严加防范，所以辛弃疾想遂平生之志，实在是难啊！

不恨古人吾不见，恨古人不恨吾狂耳

辛弃疾的志向当然不是做一个词人，当时写词只是一种比较风雅的娱乐罢了。然而无心插柳柳成荫，辛弃疾"一不小心"就成了宋代词坛上和苏轼齐名的豪放派领军人物。词到苏轼手中，摆脱了词为艳科的束缚，也就是说词的内容不仅仅全是男欢女爱，你思我念的缠绵情调，怀古悼今、抒情状怀、酬宾答友等这些原来诗歌所担任的功能，词也渐渐"接管"了。

不过，苏轼笔下的词，还是豪放得不彻底，虽然都说苏轼的词更适合"关西大汉"来唱，但如果用高亢的女子声音来唱"大江东去"那样的壮词，也不见得不合适。像我们今天，《我们是黄河泰山》《走进新时代》之类十分豪迈的歌曲，不也是女歌手们成功演唱的吗？但到了辛弃疾这里，有的词歌女们恐怕很难唱了，比如下面这一首：

西江月　遣兴

醉里且贪欢笑，要愁那得工夫。近来始觉古人书，信着全无是处。

昨夜松边醉倒，问松"我醉何如"。只疑松动要来扶，以手推松曰：去！

我们看像这样的词，根本就是一个疏狂不羁的醉人呓语。想象一下，如果酒筵之间，一个十七八岁的妩媚少女摇头晃脑地装成醉汉样子唱"以手推松曰：去！"会显得何等滑稽！所以，像这样的词，歌女们根本没法唱，可能只有辛弃疾自己醉后唱出来听听，倒是别有风味。另外，诸如"白发空垂三千丈，一笑人间万事"、"不恨古人吾不见，恨古人不见吾狂耳"之类，恐怕也只适合辛弃疾自己唱。

辛弃疾还有一些词，直接以驱入儒家经书上的原文，像"进退存亡，行藏用舍。小人请学樊须稼"这样的话，也能写到词里，这在以前是不可想象的，正如刘辰翁《辛稼轩词序》所说：

"自辛稼轩前，用一语如此者，必且掩口。及稼轩，横竖烂熳，乃如禅宗棒喝，头头皆是；又如悲笳万鼓，平生不平事并厄酒，但觉宾主酣畅，谈不暇顾。词至此亦足矣。"

所以说宋词到了辛弃疾手里，才破除了种种束缚，得到真正的"解放"。在点评贺铸词时，我就说过，苏东坡的词虽然豪放，但文人气味过于浓郁，相比辛词中那种"金戈铁马，气吞万里如虎"气势，终有不逮。我认为辛弃疾的词风，最突出的就是"壮"、"奇"、"狂"、"爽"。

一说"壮"：诸如"醉里挑灯看剑，梦回吹角连营"、"举头西北浮云，倚天万里须长剑"、"天下英雄谁敌手？曹刘。生子当如孙仲谋"、"易水萧萧西风冷，满座衣冠似雪"，等等，想想辛弃疾的相貌就是"精神此老健如虎，红颊白须双眼青"（刘过《呈稼轩》诗中语），豪壮当然是辛稼轩集中的"当行本色"，众所周知，这里无须饶舌。

再说"奇"：如陈亮、刘过、张元干等人，也写过一些风味相近的"壮词"，但辛词雄壮处可即，奇绝处不可即。我们试看几例辛弃疾词中的"奇语"：

"酿成千顷稻花香，夜夜费、一天风露"，将稻花成熟的过程，比喻成天工用风露来酿酒，这想象极为奇特。又如"青山欲共高人语，联翩万马来无数"，将连绵起伏的青山比喻成千万匹骏马，也很精彩。还有"何人半夜推山去？四面浮云猜是汝"、"四更山鬼吹灯啸，惊倒世间儿女"（《鬼吹灯》的书名由此而来？），等等，都是出人言表的奇思妙语，令人叫绝。稼轩集中也有很清丽的奇句，如"昨夜春如十三女儿学绣，一枝枝不让花瘦"之类，也堪称点睛之笔。

我们熟知的《青玉案》一词中，"众里寻他千百度，蓦然回首，那人却在，灯火阑珊处"这几句，原来也并不觉得有多精妙，但纵观古今写元宵节的诗词，多是些陈词滥调，不是写元宵节"火树银花"的热闹，就是写"人约黄昏后"的浪漫，想出此围，可谓难矣。但辛弃疾这首词的结句，却别开生面，意味深长，实在是不可多得的妙句。

三说"狂"：宋代文人自小读《四书五经》等儒家经典，被管成呆子，身上少有狂放之气。所以，宋人的诗文不免有沉闷的感觉。但辛弃疾出身北方，自幼免除了这方面的"毒害"，所以他行文行事，都是一样的狂放，最为代表性的就是那句："不恨古人吾不见，恨古人不见吾狂耳！"

苏轼诗文中的狂放，远远比不上辛弃疾。他虽然也有"老夫聊发少年狂"之类的句子，但狂得拘谨，明显还是有尺度的。而辛弃疾词中更有一种倔强不屈，横行一世的霸气，他多次在词中自称"老子"——"老子今朝，点检形骸"、"醉舞狂歌欲倒，老子颇堪哀"，那种雄霸之气，整个词坛中可谓空前绝后，直到近代，才有润之先生写出"不须放屁，试看天翻地覆"的奇句，狂豪处不让辛词。

试看一下辛弃疾的中秋词，和苏轼那篇"明月几时有"的比较一下，就会感觉到其中的不同：

太常引　建康中秋为吕叔潜赋

一轮秋影转金波，飞镜又重磨。把酒问姮娥：被白发、欺人奈何！
乘风好去，长空万里，直下看山河。斫去桂婆娑，人道是、清光更多！

苏轼虽也想乘风飞去，却是心虚胆怯，说什么"又恐琼楼玉宇，高处不胜寒"，而人家老辛，不但敢进广寒宫，还要轮起板斧，砍去月宫中那株"仙桂"——这东西碍事,砍了后月光岂不更加皎洁明朗?这种天不怕地不怕的豪情胜概,苏轼不及也!

最后说"爽":辛弃疾是北地人,性格豪爽耿直,词中的语言也是直爽痛快!都说辛弃疾爱掉书袋,似乎会有晦涩生硬的毛病,但用典只是辛词中的一部分,有好多词明白如话,清爽利落,像"人言头上发,总向愁中白。拍手笑沙鸥,一身都是愁";"功名浑是错。更莫思量着。见说小楼东。好山千万重";"而今识尽愁滋味,欲说还休。欲说还休,却道天凉好个秋",等等,都是如江河贯地,自然流泻。

再看我们都学过的这一首:

西江月　夜行黄沙道中

明月别枝惊鹊,清风半夜鸣蝉。稻花香里说丰年,听取蛙声一片。
七八个星天外,两三点雨山前。旧时茅店社林边,路转溪桥忽见。

之所以又录下这首大家可能都熟背的词,是因为我觉得好多人当年是猪八戒吃人参果一样没嚼就咽了。唐代的孟浩然、王维等写过不少带着禾苗清香、泥土气息的田园诗,而"田园词"大家读过没有?恐怕不好找吧。辛弃疾这一首就是带着稻花香气的"田园词",其意境清爽纯挚,别具一格,他人不可及(以上列举过的"茅檐低小"等也是此类)。但凡写词,多带脂粉腻气,少有清爽到辛词这样的。

辛弃疾也不是只会写这样"另类"味道的词,他的笔下可刚可柔,正像武功高手，不但发起力来排山倒海，招术中那些小巧细腻的手法也精妙绝伦。刘克庄《辛稼集序》中说辛词"其秾纤绵密者，亦不在小晏、秦郎之下"。

确实，辛弃疾也写过一些婉约词乃至艳词，比如《江神子》这一首中写："记相逢。画桥东。明日重来，风雨暗残红。可惜行云春不管，裙带褪，鬓云松"；《鹧鸪天》中写："晚日寒鸦一片愁。柳塘新绿却温柔。若教眼底无离恨，不信人间有白头"；《一络索》中写："一春长是为花愁，甚夜夜、东风恶……玉箸泪满却停箸，怕酒似、郎情薄"，也都是"一流品质"的好词。只不过这并非辛弃疾最突出的特色罢了。

苏轼、辛弃疾两人往往相提并论，合称苏辛，综合起来说，苏轼的诗、词、文章、书法各方面都是卓然成家，令百世师法。辛弃疾只有词最有名，似乎略逊一筹。然而，苏轼自小读书，毕生的志向就是读书做学问；而辛弃疾能文能武，其志向是建功立业，恢复故国，带甲十万横征漠北。填词什么的，只是"业余爱好"罢了。单以才气论，辛弃疾绝不在苏轼之下。正所谓："稼轩是极有性情人，具一段真气奇气，否则纸上奔腾，其中俄空焉，亦萧萧索索，如牖下风耳。"（谢章铤《赌棋山庄词话》）

所以说，辛弃疾这样的才子，绝对也是数百年难得一见的。最后，让我们借元代书画家浦源的一段赞语，表达对辛弃疾的崇敬之情：

朱绶貂蝉，冰玉其颜。凛凛英气，见者胆寒。胡不将相，卒老于闲？
期思之居，山横水环。退而亩畎，有稼斯轩。笑歌词章，清气莫攀。

姜白石

▷ 姜夔（1154－1221 年），字尧章，号白石道人，饶州鄱阳（今江西省鄱阳县）人。南宋文学家、音乐家。

▷ 姜夔多才多艺，精通音律，能自度曲，其词格律严密。其作品素以空灵含蓄著称，其词题材广泛，有感时、抒怀、咏物、恋情、写景、记游、节序、交游、酬赠等。抒发了自己虽然流落江湖，但不忘君国的感时伤世的思想，描写了自己漂泊的羁旅生活，抒发自己不得用世及情场失意的苦闷心情。

　　词至南宋，豪放派在声势上压倒了婉约派。以辛弃疾为首，刘过、陈亮、张孝祥、张元干等都写下声韵铿锵、击剑鸣鼓般的壮词，余音一直延续到文天祥的"睨柱吞嬴，回旗走懿，千古冲冠发。伴人无寐，秦淮应是孤月"。而婉约派这一系，代表人物也就是姜白石和吴文英了。

　　对于这两个人，其实我都不是特别喜欢。姜、吴二人，继承的是周邦彦的路子，他们都精通音律，能自制一些长调（偏偏我烦的就是长调）。同为南宋晚期的词人张炎，对老姜评价极高，说他的词"如野云孤飞，去留无迹"、"不惟清空，又且骚雅，读之令人神观飞越"，等等，后人甚至大赞其词"清逸""清超""清妙""清新""清俊""清绮""清芬""清真""清炼""清峭""清隽""清挺""清拔""清刚"……其实，要让我评价，"清"字不假，只不过后面就配跟一个"客"字——"清客"。这才是姜夔最真实的面目。

　　姜夔终生布衣，到处依傍权贵，混吃混喝，典型的江湖清客材料。姜穷酸生得"体态清莹，气貌若不胜衣"，说白了就是肩不能挑担，手不能提篮，只好写词谱曲逗达官贵人们一笑。

　　其实文人墨客，贫困终生的为数不少，陶令耕田，袁安高卧，都表现了自己的志节。北宋初年的林和靖，虽貌似有"梅妻鹤子"之娴雅，但实际上也是穷得很，但他持身高洁，不作谀献之词，所以临死前可以骄傲地说："茂陵他日求遗稿，犹喜曾无封禅书"——司马相如曾为皇帝写了篇肉麻的歌颂文章，为后人诟病，而林逋却生平无一纸此类文字。有人写文竟然说姜夔是"林逋和周邦彦合体"，林逋何辜！

反观姜穷酸，匆匆奔走于将相之门，不以为耻，反以为荣。按"官方"介绍，说姜穷酸"自青年时期起，他就广为交游，往反羁滞于江淮湖杭之间；结识了当时的宿儒名士如范成大、杨万里、辛弃疾等人，丰富了学识……"把姜夔夸成一朵花，仿佛他这些行为都是在游历求学。其实，姜穷酸只是为了骗钱花花而已。

姜夔的父亲和"千岩老人"萧德藻有过交情，于是他就在萧德藻处乞食，萧还把一个侄女嫁了他。淳熙十四年（1187 年）春，姜夔经萧德藻介绍去拜访杨万里。杨万里见了他后夸了几句，旋而将他介绍给范成大，写了《送姜尧章谒石湖先生》一诗云："吾友夷陵萧太守，逢人说君不离口。袖诗东来谒老夫，惭无高价当璠璵。翻然买却松江艇，径去苏州参石湖。"从诗中看，姜穷酸"袖诗东来"，主要是想要点钱花花的，杨万里手头无钱，或者是不愿意给他，于是说"惭无高价当璠璵"。"璠璵"，指美玉，意思是说我没有足够的钱来酬谢你的大才，于是杨万里把姜穷酸当成"皮球"又踢给范成大（石湖）。

范成大是南宋有名的田园诗人，看其诗，描写农夫生活倒是十分细腻入微。但其实他绝对算得上是一个"大地主"，他在石湖有一个大庄园，著名的建筑有北山堂、千岩观、天镜阁、寿乐堂等。他酷爱梅花，在石湖玉雪坡已经种了梅花数百株，但还嫌不足，又在南边买了王氏家旧宅七十多间，悉数拆除后，将其中三分之一的地方种上梅花。

姜夔见了范成大，投其所好，写了《暗香》《疏影》两首长词，受到范成大的夸奖，并送了歌妓小红给他，把他美得冒泡："自作新词韵最娇，小红低唱我吹箫。"这里仅录其《暗香》一词"供批判用"：

旧时月色，算几番照我，梅边吹笛？唤起玉人，不管清寒与攀摘。

何逊而今渐老，都忘却、春风词笔。但怪得、竹外疏花，香冷入瑶席。

江国，正寂寂。叹寄与路遥，夜雪初积。

翠尊易泣，红萼无言耿相忆。长记曾携手处，千树压、西湖寒碧。

又片片吹尽也，几时见得？

南宋末的张炎，不知为何，偏爱姜穷酸，竟然说："诗之赋梅，惟和靖一联而已，世非无诗，不能与之齐驱耳。词之赋梅，惟姜白石《暗香》《疏影》二曲，前无古人，后无来者，自立新意，真为绝唱。"

这实在是太抬举姜夔了，写梅的好词多的是，像苏轼、陆游他们的咏梅词，我们一提就能背，如"玉骨那愁瘴雾，冰肌自有仙风"、"已是黄昏独自愁，更著风和雨"，等等，姜穷酸这一首，能背下的有几人？王国维先生在《人间词话》中说："白石《暗香》《疏影》格调虽高，然无一语道着，视古人'江边一树垂垂发'等句何如耶？"意思说姜夔这首词空有格调，一点也不真切质朴。

是啊，像开头"旧时月色，算几番照我，梅边吹笛？唤起玉人，不管清寒与攀摘"，感觉沉闷之极，一点也不醒豁。这几句无非是写花里吹笛、美人折花。看人家陈与义只用两句"杏花疏影里，吹笛到天明"，就打动了多少人的心旌；而贺铸那句"玉人和月摘梅花"又是何等的清绝。

王国维先生对姜白石颇有微词，说他的词"如雾里看花，终隔一层"，可谓一针见血，正中其弊。依我看，姜白石这首《暗香》犹如隔靴搔痒，像一个口舌嗫嚅不清的人在说话，虽大体知其意，但不敢说清说透，十足的清客腔，恶心之极！我们知道，像姜穷酸这样做清客的，到处唯唯诺诺、仰人鼻息，渐渐养成了喜怒不敢形于色，谈笑不敢随心由性的习惯。

"人在屋檐下，没法不低头"，为了混口饭吃，为了生存，人们都会做一些违心的事，说一些违心的话。但姜穷酸却将清客本性带到词里来，貌似冲和淡雅，实则是投主人所好，用小心翼翼、不轻不重的手法拍范成大的马屁。有人很不理解王国维先生为何如此不留情面地讽刺姜穷酸："白石如王衍口不言阿堵物，而暗中为营三窟之计，此其所以可鄙也！"（王衍是晋代一个貌似清高，口不言钱的人，但私下里却全是为自己打算。）

姜夔正是这样一个貌似最高雅，实则最庸俗的人。他自号"白石老仙"，听起来像是"归来煮白石"的世外高人（《神仙传》云："白石先生者……尝煮白石为粮，时人故号曰白石先生"）。人家这种隐士高人深藏身与名，但姜穷酸却是何等心态？也当得起一个"仙"字？姜白石？姜白食吧。

不过姜夔的自我宣传比较成功，不但迷惑了当时的人，还一直骗了上千年，近代刘熙载在《艺概》中还说："词家称白石曰'白石老仙'，或问毕竟与何仙相似？曰：藐姑冰雪，盖为近之。"然而，姜夔的内心哪有如此高洁？

姜夔的这篇自叙充分暴露了他人品的低下：

> 某早孤不振，幸不坠先人之绪业，少日奔走，凡世之所谓名公钜儒，皆尝受其知矣。内翰梁公于某为乡曲，爱其诗似唐人，谓长短句妙

天下。枢使郑公爱其文，使坐上为之，因击节称赏。参政范公（成大），以为翰墨人品皆似晋宋之雅士。待制杨公（万里），以为于文无所不工，甚似陆天随，于是为忘年交。复州萧公（德藻），世所谓千岩先生者也，以为四十年作诗，始得此友。待制朱公（熹），既爱其文，又爱其深于礼乐。丞相京公，不独称其礼乐之书，又爱其骈俪之文。丞相谢公，爱其乐书，使次子来谒焉。稼轩辛公（弃疾），深服其长短句如二卿。孙公从之，胡氏应期，江陵杨公，南州张公，金陵吴公，及吴德夫、项平甫、徐子渊、曾幼度、商翚仲、王晦叔、易彦章之徒，皆当世俊士，不可悉数。或爱其人，或爱其诗，或爱其文，或爱其字，或折节交之。若东州之士则楼公大防、叶公正则，则尤所赏激者。

本来我在书中引录古人文字，尽量精炼求简，以免有借古人的字充数之嫌。但这一篇却只好完整保留，我要让大家看看，姜夔是如何不厌其烦地罗列所有赏识他的人（其实可能就是他拜谒过的人），说这些大人物都是怎么夸他的。古人的自我介绍中，我还真没见过，文字品格这样猥琐露骨的。

我们看，姜夔罗列的人中，主要是一些达官贵人，这和晚明一些"流氓山人"一个德行："交无深浅，皆称知己，沾沾向人，夸其道广。"又像当下某些人，把与名人的合影统统放大后装进镜框，放在最醒目处，见了你就满口飞白沫地大讲他和名人的关系有多近乎。

姜夔上面列举的那些"大腕"，别人不清楚，但"稼轩辛公"还真没拿他当盘菜，姜穷酸见辛弃疾写出那篇豪气四溢的《永遇乐·京口北固亭怀古》后，赶快和了一首：

永遇乐　次稼轩北固楼词韵

云隔迷楼，苔封很石，人向何处。数骑秋烟，一篙寒汐，千古穴来去。使君心在，苍崖绿嶂，苦被北门留住。有尊中酒差可饮，大旗尽绣熊虎。

前身诸葛，来游此地，数语便酬三顾。楼外冥冥，江皋隐隐，认得征西路。中原生聚，神京耆老，南望长淮金鼓。问当时、依依种柳，至今在否。

正所谓画虎不成反类犬，和辛弃疾那首虎虎生风的词一比，姜穷酸这首词简直是蛐蛐叫唤。人家"稼轩辛公"就喜欢刘过、陈亮那样的豪爽汉子，一高兴给个千贯万钱的也不在乎。姜穷酸这首词，估计被辛弃疾一下子扔到痰盂里，半文钱也不给他。

所以姜夔在那篇自叙中，貌似得意扬扬地列举了他那些"知交"名人后，又哀叹道："嗟乎！四海之内，知己者不为少矣，而未有能振之于窭困无聊之地者。"这一句，充分暴露出他交往名人的目的："振之于窭困无聊之地"——想找个能把他拉出穷坑来的人啊！

姜夔后来认识了"富三代"公子哥——张镃和张鉴。他们是名臣张浚的孙子（张镃即张炎曾祖，张炎喜欢姜，应与此有关），这兄弟俩非常有钱。据载，当年宋高宗去张家游玩，张浚用几百种酒食来盛情款待天子，有些美食连高宗也从未尝过，又献出黄金千两，珍珠六万九千颗，玛瑙碗二十件，古玩、书画更是不计其数。光是招待皇家侍从，就破费钱三万贯、肉三千斤、酒二千瓶。

到了张鉴这一代，可能坐吃山空，家底远不如当年，但剔剔牙缝养活一下姜穷酸，还是绰绰有余的。据《齐东野语》记载，张镃家中那是"园池、声妓、服玩之丽甲天下"，漂亮的歌妓有上百人，一起列队迎送宾客，真是美女如云，不亚于现在的大型文艺晚会——"烛光香雾，歌吹杂作，客皆恍然如游仙也"。

据姜夔说，张鉴曾想花钱为他买个功名，被他拒绝，又想把锡山一带的良田转让给他，后来也没真正实行。也许张鉴只是一时高兴，随口许诺，到时候又舍不得也未可知。但张鉴死后，姜夔立刻陷于窘境，失去了"衣食父母"，惨兮兮地写道："惜乎平甫（张鉴的字）下世，今惘惘然若有所失。"拜托，你姜夔也是个男人，难道想终生"傍大款"吗？有人写"张鉴曾念他飘零孤苦，要为他买一爵位，又要将一块沃野之地相赠。生性淡泊的姜夔都婉言谢绝"，纯粹是为其涂脂抹粉。

姜夔自号"白石老仙"，但绝非隐逸之人，是个十足的官迷，他正式科举得不了功名，就转而想以"音乐特长生"的方式步入官场。有人替姜夔抱不平说，都是他生得时代不好，如果在北宋，可能他混得不比周邦彦差。其实，这条路姜夔早就打算过，他四十多岁时，曾经向朝廷进《大乐议》和《琴瑟考古图》等。这等琐事值不得惊动当朝皇帝，于是由丞相京镗（就是姜夔自叙中亲爱的"丞相京公"）来处理。京镗不懂音乐，派人领着姜夔到太常寺（掌握国家礼乐的最高机构）去面试。

结果姜夔到了太常寺，乐师们把各种乐器搬出来让他看，姜穷酸见了宝瑟后，茫然不识，问："此是何乐器？"大家于是纷纷嘲笑他。本来，作为民间乐人的姜夔，在当时没有电视网络的情况下，不认识装饰着珍宝的瑟也不足为奇，但这也不是故意难为他，谁让他的"自荐论文"就是什么《琴瑟考古图》？可见他是纸上谈兵，空泛而论。

接下来的一句话，更彻底暴露了姜穷酸知识浅薄的底子，姜夔知道这件乐器是瑟后，就故意卖弄学问说："语曰鼓瑟希，愿闻弹之"。前半句是《论语》中的话，"鼓瑟希"本意是指鼓瑟声渐弱渐停的意思，但姜穷酸半懂装懂，错解成"见到鼓瑟是很稀罕的"，还借以"引经据典"，这些人都是饱读诗书的人，一听之下，纷纷讪笑而去。姜夔想进太常寺当公务员的愿望彻底泡汤了（见于宋代张仲文撰《白獭髓》一书）。

当然，姜夔也是有一定的音乐才能的，他谱的词曲一直传到今天，我想，像《暗香》《疏影》那样的词，之所以能迷住范成大，骗了小红回去，肯定也是很好听的。"词不够，曲来凑"，现在我们听不到乐调，只看词中文字，不免减色许多。

鲁迅写道："就是权门的清客，他也得会下几盘棋，写一笔字，画画儿，识古董，懂得些猜拳行令，打趣插科，这才能不失其为清客。也就是说，清客，还要有清客的本领的，虽然是有骨气者所不屑为，却又非搭空架者所能企及。"

所以，姜夔就是这样一个"极品清客"，要说才情也是有一些的，他的词也偶有佳句，像这首《踏莎行》还算不错的：

燕燕轻盈，莺莺娇软，分明又向华胥见。

夜长争得薄情知？春初早被相思染。

别后书辞，别时针线，离魂暗逐郎行远。

淮南皓月冷千山，冥冥归去无人管。

　　这里面的"燕燕"和"莺莺"代指姜夔在合肥结识的一对姐妹（当然也是歌妓身份的），看来姜夔的这首词还是动了真情的。写诗填词，贵有深情，姜夔一生写词，大概将词当作一种取悦贵人的手段，少有用真性情写的词，所以姜穷酸的词我大都不喜欢，只有这一首，还差强人意。

　　这一对合肥姐妹虽然和姜夔有过交往，但却不见得有什么深情。姜穷酸浑身上下没半分刚骨，囊中无钱，东求西讨，实在不是可以托付终身的人。所以，范成大送给他的小红，也早早就改嫁了别人。有人以为姜穷酸会写曲，小红会唱歌，肯定是情投意合的一对璧人，殊不知小红在范成大家锦衣玉食，到了姜穷酸这里，家徒四壁，三餐不继，哪会有什么好心情。

　　后来姜夔穷困而死，无钱下葬，当时的宰相吴潜可怜他，在马塍这个地方安葬了老姜。有人写诗道："所幸小红方嫁了，不然啼损马塍花。"看，诗中以小红改嫁他人为"幸"，也是不看好姜夔和小红之间的"爱情"的，后人一味诗情画意、郎情妾意，误以为姜夔和小红"琴瑟偕好"，其实大谬不然。

　　姜夔的一生，是职业清客的一生，但他披上"白石道人"的外衣，也哄骗了不少人，与其同时代的陈郁在《藏一话腴》中就夸："白石道人气貌若不胜衣，而笔力足以扛百斛之鼎；家无立锥，而一饭未尝无食客；图史翰墨之藏，汗牛充栋；襟怀洒落，如晋、宋（这个'宋'是南北朝的'宋'）间人。意到语工，不期于高远而自高远。"

话说回来，姜夔毕竟是南宋晚期词坛上的一位重量级人物，不排除很多人喜欢姜夔的词，所以不好将他"踢"出此书。从另一个角度来说，姜夔的词确实和中国古琴推崇的格调有点相谐之处，都是平淡含蓄，情不外露。但我不喜欢，尤其不喜欢姜夔的人品性格，一个人拍一次马屁不难，难得是一辈子都在为贵人们拍精致的马屁。我要是穿越到宋代，遇见这厮，必掌掴之而为快。反正他"弱不胜衣"，不是俺的对手，呵呵！

吴梦窗

▷ 吴文英（约 1200－1260 年），字君特，号梦窗，晚年又号觉翁，四明（今浙江宁波）人，一生未第，游幕终身。

▷ 他的词字面华丽，意象密集，含意曲折，形成了绵丽深幽的语言风格。但同样有雕绘过甚而造成的堆砌之病、晦涩之失。贬者有"七宝楼台，眩人眼目，碎拆下来，不成片段"之论。但他的词虽然有雕琢太过、词意晦涩以及格调不高等缺点，但以独特的艺术风格为南宋婉约词的发展做出了一定的贡献。

　　前一篇说过吴文英和姜夔同为南宋晚期的词人，他们有很多相近之处，首先都是过着求食傍人的清客生涯，词风也都是细碎含蓄。相比之下，我对吴文英的感觉要比姜夔好。起码我没见到吴文英写过那样露骨肉麻的自叙文字。

　　吴文英，号梦窗，浙江四明人。终生布衣，行踪不出江浙，常居苏州、杭州。生卒年都没有记载，依据只鳞片爪的资料推断，他大概活了六十多岁。

　　王国维先生在《人间词话》痛骂吴文英："幼安词之佳者，……俊伟幽咽，固独有千古，其他豪放之处亦有'横素波，干青云'之概，宁梦窗辈龌龊小生所可语耶？"这里将辛弃疾捧上天，把吴文英踩到了泥中。王国维先生似乎也精通"姑苏慕容"家"以彼之道，还施彼身"的绝技，评价吴文英的词时，用其词中语"映梦窗，零乱碧"以概之，言外之意是说这乱七八糟写的什么东西！

　　吴文英作为一个清客，职业就是"傍大款"，他所寄食的权贵主要有两人，一个是宰相吴潜（就是出钱葬姜夔的），一个是奸相贾似道。说来好玩，吴、贾两人可是死对头，奸臣贾似道排挤吴潜，把他贬斥到广东循州。第二年，又派人暗中害死了他。不过，报应循环，15年后，奸臣贾似道也被发配到循州，一路上他叫苦连天，押解他的人冷冷地说道："想想当年你是怎么样对付贤臣吴潜吧！"贾似道没能走到循州，就被仇家打死在半路上了。后人用《长相思》的词牌写道："吴循州，贾循州，十五年前一转头。"

但吴文英似乎不关心政治上的事，谁给他饭吃，他就给谁写词。2011年版《倩女幽魂》中刘亦菲演的小倩有句雷人的台词"谁给我糖果吃，我就喜欢谁"，吴文英好像就这样子。所以，当吴潜倒台后，吴文英照样当他的相门清客，只不过宰相由姓吴换了姓贾的，这又像《让子弹飞》里刘嘉玲说的："县长是谁我不管，反正我要当县长太太。"

夏承焘先生曾评论道："梦窗以词章曳裾侯门，本当时江湖游士风气，固不必诮为无行，亦不能以独行责之。"意思说，吴文英这些做法，就是江湖游士的本色，也不能格外地苛责他。

吴文英的词句里，倒并没有太多的肉麻谀词。所以，我对吴文英的感觉，要好于姜夔。对于吴文英的词，争议也很大，喜欢的说："梦窗密处，能令无数丽字，一一生动飞舞，如万花为春"（况周颐《蕙风词语》）；不喜者批评："如七宝楼台，炫人眼目。碎拆下来，不成片断"（南宋张炎语）。其实，依我看，吴文英的词倒很是符合现在流行的风格，有一种朦胧美：

宴清都

绣幄鸳鸯柱。红情密，腻云低护秦树。芳根兼倚，花梢钿合，锦屏人妒。东风睡足交枝，正梦枕、瑶钗燕股。障滟蜡、满照欢丛，嫠蟾冷落羞度。

人间万感幽单，华清惯浴，春盎风露。连鬟并暖，同心共结，向承恩处。凭谁为歌长恨？暗殿锁、秋灯夜语。叙旧期、不负春盟，红朝翠暮。

　　这首词雕绘满眼，堆砌的意象也非常多，而且都是一些琐碎美丽的"碎片"。我们数一下：绣幄、鸳鸯、腻云、秦树、花梢、钿合、锦屏、梦枕、瑶钗、燕股、滟蜡、嫠蟾、暗殿、秋灯，等等，不但华美秾丽，而且朦胧恓恍，有一种类似"后现代主义美学"风格的感觉。当下的有些文艺片，例如王家卫的电影，也是经常摒弃了宏大正规的叙事，而对细碎迷离的意象格外的偏好。张溪琳在她的《佳期杳如年》的序言中写："传奇，不是悲壮的丹青册，只是盛大的历史里细小的尘埃，因为人间平凡的悲喜而开出了花。"大概也是基于这种角度吧。

　　有时我想，吴文英如果生活在今天，也是非常受欢迎的。我们看方文山写的歌词，像什么"帘外芭蕉惹骤雨门环惹铜绿，而我路过那江南小镇惹了你，在泼墨山水画里，你从墨色深处被隐去"，其实也是这种堆砌意象的手法，网上有好多女孩子最喜欢用无数丽字堆砌成文，我试摘网上一个朋友的文字，大家看一下，是否有些吴梦窗的遗风：

　　一根烟，袅袅情；一杯酒，醉花容；一首诗，一道景；一阕词，如梦令；一段情，一世梦。流于笔端的心声，在素笺的锦盒里纠结出一盒的万紫千红，一丛丛的花，一束束的艳；一丝丝的绿，一团团的絮，把柳叶裁剪成对称的花形，剪影一幅垂柳映窗牖的诗意图，泼墨暗夜的懵懂，心绪被滴滴怂恿，走向梦的憧憬。

　　现在的好多畅销书，有的读者也是看见文字华丽的就喜欢，要是每一篇看不到充溢时尚味的风花雪月，就抱怨作者文笔不够好（笔者的书就常见有人抱怨文字不华丽，呵呵）。

吴文英也是精通乐曲，能自度新声的。所以他的词，唱起来肯定也是声韵婉转动听，加上这些绵密富丽的词句，确实能烘托出一种浓郁的典雅情调。而词中的主题，反而退居其次了。有人说吴文英的词类似李商隐，都是主题隐晦难解。我觉得李商隐确实有苦衷要隐喻，而吴文英不见得要隐喻什么，他只是写些华丽的空话，就这样朦朦胧胧的最好，说得太清楚了，万一触犯了贵人某方面的心事，发了火，那饭碗就砸了。我们看会议上的很多讲话稿，都是正确的废话，所以，吴文英也不得不写些华丽的空话。

当然，吴文英写起自己的心事来，就不那样遮遮拦拦，故作迷离之态了：

踏莎行

润玉笼绡，檀樱倚扇。绣圈犹带脂香浅。

榴心空叠舞裙红，艾枝应压愁鬟乱。

午梦千山，窗阴一箭。香瘢新褪红丝腕。

隔江人在雨声中，晚风菰叶生秋怨。

据说吴文英在苏州时，曾有一个心爱的女子，与他共同生活了一段时间，但后来不知为何，他们又分散了。这首词就是端午节这天，吴文英想念"苏姬"时的感梦之作。这首词虽然是记梦，但却没有缥缈恍惚、迷离朦胧之感，那位玉面檀口、红裙绿鬓的心上人，她的音容言笑，仿佛历历在目，而"隔江人在雨声中，晚风菰叶生秋怨"，更是情景交融，直抒胸臆。怪不得王国维在《人间词话》一直痛扁吴文英，却不得不说这两句还是挺不错的。

还有这一首，也是思念心爱的情人之作，发乎真情，必为好词：

风入松

听风听雨过清明，愁草瘗花铭。楼前绿暗分携路，一丝柳，一寸柔情。料峭春寒中酒，交加晓梦啼莺。西园日日扫林亭，依旧赏新晴。黄蜂频扑秋千索，有当时、纤手香凝。惆怅双鸳不到，幽阶一夜苔生。

吴文英的词中，不止一次提到清明这个节气时的情思离愁，如"时霎清明，载花不过西园路"等。因为吴文英的生平资料很少，我们不清楚他和这个女子的故事，因此猜测为劳燕分飞，但从吴文英对清明这个节候特别敏感，又有"瘗花铭"之类的字样，我怀疑这位美丽的女子是香消玉殒了。其他词中也有"又客长安，叹断襟零袂，涴尘谁浣？"之类的句子，似可为佐证。

这首词虽然也是意象细碎唯美，但却一点不难懂，绝无"碎拆不成片段"之感，贯串词中的只有刻骨铭心的思念，园中处处还有她的影子，她的气息，秋千索上，仿佛还有她素手握过后残留的香气。可是，"惆怅双鸳不到，幽阶一夜生"——那绣着双鸳鸯的鞋子再也不会踏上这个石阶了，仿佛一夜之间，阶上就生满了青苔。这青苔，也蔓延在吴文英的心上，荒芜难扫。

吴文英这一首词，也写得非常生动，真切地反映了身为清客，那种孤寒落寞的心情：

祝英台近　　除夜立春

剪红情，裁绿意，花信上钗股。残日东风，不放岁华去。
有人添烛西窗，不眠侵晓，笑声转、新年莺语。
旧尊俎。玉纤曾擘黄柑，柔香系幽素。归梦湖边，还迷镜中路。
可怜千点吴霜，寒销不尽，又相对、落梅如雨。

除夕之夜，是一家人团聚的时候。但身为清客的吴文英，在"帘儿底下，听人笑语"，那新年莺语、彻夜的笑声，传入孤零零的吴文英耳中，却是分外落寞。正所谓"花无人戴，酒无人劝，醉也无人管"，那份孤单、凄凉有谁懂？说来这当清客和烟花女子差不多，也是"有谁知逢人笑，暗地里抹泪痕"的那类人。

"可怜千点吴霜，寒销不尽，又相对、落梅如雨"。这里的"吴霜"，应该是一语双关，暗用李贺诗"吴霜点归鬓"一句，如今吴文英已是两鬓寒霜，却还是孤寒无依，除夕家家团圆之夜，却独自对着如雨般洒落的白梅惆怅，此情此景，十分凄凉。

事实上，吴文英最终就是"晚年困踬以死"，此词堪称是他最后岁月的写照。六十多岁的吴文英再没有力气陪权贵们开心了，他孤单凄凉地死去，死在南宋风雨飘摇、即将灭亡的前夜。

櫻｜桃｜进｜士

蒋竹山

▷ 蒋捷（约 1245 － 1305 年后），字胜欲，号竹山，宋末元初阳羡（今江苏宜兴）人。先世为宜兴巨族，隐居不仕，人称竹山先生、樱桃进士，其气节为时人所重。

▷ 在宋末词人中，蒋捷的词风另辟蹊径，不主一家，兼融豪放词的清奇流畅和婉约词的含蓄蕴藉，他敢于直言亡国之痛，多角度地表现出亡国后遗民们漂泊流浪的凄凉感受和饥寒交迫的生存困境。此外，蒋词的情感基调也不是一味地低沉阴暗，有的词作格调清新，乐观轻快，极富生活情趣。

　　周密、王沂孙、张炎、蒋捷合称宋末四大家。但其中有名句传世的，却只有蒋捷。大家想必对这一首词非常熟悉：

一剪梅　舟过吴江

　　一片春愁待酒浇。江上舟摇，楼上帘招。

　　秋娘渡与泰娘桥。风又飘飘，雨又萧萧。

　　何日归家洗客袍？银字笙调，心字香烧。

　　流光容易把人抛，红了樱桃，绿了芭蕉。

　　这一句"流光容易把人抛，红了樱桃，绿了芭蕉"，真是写出了众人"心头有，口上无"的妙味来，时光变迁，物候更新，这看似平平常常的红樱桃、绿芭蕉，经蒋捷一提醒，变得格外触目惊心，让人心绪万千，不能自已。

　　这其中的味道，和"昔年种柳，依依汉南。今看摇落，凄怆江潭。树犹如此，人何以堪"有一些相似之处。但《枯树赋》中的文字气骨清健、沧桑感慨，而蒋捷的笔下则更富有江南的娇软气息，连惆怅都是那样的温婉、轻柔、含蓄。

　　蒋捷的这首词，当年就很出名，所以人们送他一个"樱桃进士"

的称号。不过，他这个进士可是货真价实的。他曾在宋度宗咸淳十年（1274年）金榜题名，中得进士。然而，蒋捷这一榜进士，是南宋科举的"末班车"，仅仅两年后，弱不禁风的南宋就在蒙古铁骑的践踏下正式灭亡，蒋捷这前朝的进士文凭，一下子也作废了，从此他就流落江湖，在贫寒交迫中度日。

蒋捷有这样一首词，从中我们可以窥见他落魄时的情景：

贺新郎　兵后寓吴

深阁帘垂绣。记家人、软语灯边，笑涡红透。

万叠城头哀怨角，吹落霜花满袖。影厮伴、东奔西走。

望断乡关知何处，羡寒鸦、到著黄昏后。一点点，归杨柳。

相看只有山如旧。叹浮云、本是无心，也成苍狗。

明日枯荷包冷饭，又过前头小阜。趁未发、且尝村酒。

醉探枵囊毛锥在，问邻翁、要写牛经否。翁不应，但摇手。

这首词写于南宋灭亡之际，正当兵荒马乱之时。开头先回忆当年在家中的温馨情景："软语灯边，笑涡红透"，而如今却是两袖霜花，流荡无依。夕阳落下，自己孤零零的，还不如乌鸦们有个自己的窝哪！然而，日子还是要过下去，用枯荷叶包些冷米饭，继续行路。摸摸包裹里还有只毛笔，问村边的老头："要写《牛经》吗？"老头不屑答话，只是摇摇手。

可怜啊！当朝的进士，南宋词坛一大词人，居然沦落到给老农抄书还不要的地步！这白云苍狗般的世事变幻，却催发了蒋捷对人生的深刻感悟：

虞美人

少年听雨歌楼上，红烛昏罗帐。

壮年听雨客舟中，江阔云低断雁叫西风。

而今听雨僧庐下，鬓已星星也！

悲欢离合总无情，一任阶前点滴到天明。

这首词读来，令人感悟极多，但凡是有了一定岁数的人，都会明白，同样的事情，少年人和中老年人的理解是不一样的。《幽梦影》中说："少年读书，如隙中窥月；中年读书，如庭中望月；老年读书，如台上玩月。皆以阅历之浅深，为所得之浅深耳。"而且，少年时，往往意气勃发——"打开热血的心胸，狂风像少年的冲动"，而时至暮年，渐渐万事休，颓丧无求了。

少年听雨时，是一种红烛罗帐里的诗意；壮年听雨时，是一种江阔云低的慷慨；而老年听雨时，却是一种岁月无情的无奈！这就是人生的历程，从含苞初放到盛开灿烂，最终却要无奈凋萎，这期间的变幻，我们无能为力，只能叹息！

有人读后感慨万千地说"此境不易到，亦不愿到"，是啊，只是读这首词就让我们伤怀不已了，若是身临其境，情何以堪！

蒋捷，字胜欲，号竹山。他有词自嘲道："二十年来，无家种竹，犹借竹为名。"可见他没有丰足的田产宅第。"竹山"这个外号，不免有些名不符实。但"胜欲"这一点，他做得比较好，有词为证：

沁园春

结算平生，风流债负，请一笔勾。盖攻性之兵，花围锦阵，毒身之鸩，笑齿歌喉。岂识吾儒，道中乐地，绝胜珠帘十里楼。迷因底，叹晴干不去，待雨淋头。

休休。著甚来由。硬铁汉从来气食牛。但只有千篇，好诗好曲，都无半点，闲闷闲愁。自古娇波，溺人多矣，试问还能溺我不？高抬眼，看牵丝傀儡，谁弄谁收。

这首词很像是旧小说话本中的风格，把女色形容为"攻性之兵，毒身之鸩"，透露出蒋捷排斥声色之娱的思想。

胜色欲不容易，胜名欲、财欲更难。宋代灭亡后，也有人于元成宗大德年间，向朝廷推荐蒋捷做官，但蒋捷坚决拒绝了，抱节终身，义不仕元。所以，蒋捷的节操，如修竹在深山，还是非常值得后人尊敬的。只不知《金瓶梅》的作者，为何用"蒋竹山"这个名字写了一个猥琐不堪的男人，被西门庆好生收拾了一番，差点当了"武大第二"。

文坛中对蒋捷的词也有不同看法，如晚清时的评论家冯煦，认为其"词旨鄙俚"、"不可谓正轨"，甚至说是"词中左道"，似乎只有吴文英和姜白石他们才值得称道。其实我觉得，蒋捷的才情绝不在姜、吴二人之下，行家一出手，便知有没有，看蒋捷的几篇词，都写得灵秀之致，绝不是只会獭祭诗书，堆砌辞藻者。

像这一首词写风中的荷花，就颇有情致：

蝶恋花　风莲

我爱荷花花最软。锦拶云挨，朵朵娇如颤。
一阵微风来自远。红低欲蘸凉波浅。
莫是羊家张静婉。抱月飘烟，舞得腰肢倦。
偷把翠罗香被展。无眠却又频翻转。

蒋捷身在南国，有好几首词都写风中荷花那婀娜之姿，《宋词鉴赏词典》中选了另一首《燕归梁·风莲》，其中"梦回不见万琼妃，见荷花，被风吹"，将荷花比喻成宫中的队队舞女。朱自清的《荷塘月色》写什么"叶子出水很高，像亭亭的舞女的裙。……有袅娜地开着的，有羞涩地打着朵儿的；正如一粒粒的明珠，又如碧天里的星星，又如刚出浴的美人"，其实这样的喻想，古人诗词中早就写滥了，只不过朱自清用大白话说出来，一般人更容易领会罢了。

这首词将风中莲花那种似羞似娇的妩媚描画得十分生动，词中的羊家张静婉，是指南朝时大将羊侃家的舞姬张静婉，她"腰围一尺六寸，能掌上舞"，到今天来做减肥产品形象代言人倒是不二人选。该词中最妙的当属这两句："偷把翠罗香被展。无眠却又频翻转。"词人将随风摇曳的碧圆荷叶比喻成绣床上的翠罗香被，似乎是寂寞佳人在辗转反侧，难以成眠。此喻此景，十分贴切生动，更隐约透着风情媚惑。

蒋捷的这首《梅花引·荆溪阻雪》也是非常值得一读的好词：

> 白鸥问我泊孤舟，是身留，是心留？
>
> 心若留时，何事锁眉头？
>
> 风拍小帘灯晕舞，对闲影，冷清清，忆旧游。
>
> 旧游旧游今在否？花外楼，柳下舟。
>
> 梦也梦也，梦不到，寒水空流。
>
> 漠漠黄云，湿透木棉裘。
>
> 都道无人愁似我，今夜雪，有梅花，似我愁。

这首词写得流动自然，一气贯注，朗朗上口。而且平白如话，字简意长，音韵清越。观词中之意，当是南宋灭亡之后所作。当年的旧游风景虽在，但却回不到昔日的岁月。只有那漠漠黄云，数点梅花，随着词人一起浩叹。正如蒋捷另一首《寒夜》词中所说："是非梦、无痕堪忆，似双瞳、缤纷翠缬。浩然心在，我逢着、梅花便说"。

蒋捷的卒年至今无考，但从其词中可以推想，他晚年困居山村，心境凄凉。正如其《声声慢》一词中所写："黄花深巷，红叶低窗，凄凉一片秋声。豆雨声来，中间夹带风声"；"闪烁邻灯，灯前尚有砧声。知他诉愁到晓，碎哝哝、多少蛩声！诉未了，把一半、分与雁声"。

晚秋的寒雨滴沥在篷窗上，白发苍苍的蒋捷守着一灯如豆，听着那一声声秋夜的寒砧，一声声细碎的蟋蟀声，故国田园情思，半世沧桑苦泪，一时全涌上了心头。

千古江山，风流总被雨打风吹去，这是宋王朝的末代哀音。那弥漫着杏花香气的赵宋，那同样精美晶润的宋瓷和宋词，就此成为历史书册中的蝴蝶标本。远去了那"烟柳画桥，风帘翠幕"，远去了那"锦幄初温，兽烟不断"，远去了那"宝马雕车香满路"、"半壕春水一城花"……

世事一场大梦，人生几度新凉？一转眼，夜来风叶已鸣廊。

夜凉水月铺明镜

　　这一年间，我徜徉于宋代的诗词文章中，听柳永唱"市列珠玑，户盈罗绮"的繁华，欧阳修说"百草千花寒食路，香车系在谁家树"的热闹，那陈年烟幕中的世景长卷，慢慢地舒展于眼前：东京汴梁的御街上灯火通明，茶坊、酒肆、脚店、肉铺、庙宇鳞次栉比，士绅、官吏、小贩、缆夫、女眷、僧人、小儿摩肩接踵。

　　清人张潮曾畅想："我不知我之生前，当春秋之季，曾一识西施否？当典午之时，曾一看卫玠否？当义熙之世，曾一醉渊明否？当天宝之代，曾一睹太真否？当元丰之朝，曾一晤东坡否？"我也曾经想过，前生的我是否也有过著一袭青衫，手把折扇在州桥上漫步闲玩的经历。是否品尝过王楼的梅花包子，曹婆婆的肉饼，薛家的羊肉饭，徐家的瓠羹？是否还隐约"忆得少年多乐事，夜深灯火上樊楼"。

　　帝城春媚之时，绿柳参天，繁花照地，处处楼台清歌檀板声声。"白纻春衫杨柳鞭，碧蹄骄马杏花鞯"，良辰美景，直如人间天上；"风意未应迷狭路，灯痕犹自记高楼"，情愁离恨，埋于心底眉头。都门外的衢市车声，深巷里的秋千人语，随着时光的流转已隐约不可闻，只剩下那天上的月，还是舞低杨柳楼心的那轮月；那水畔的风，还是歌尽桃花扇底的那缕风。

千年前的悲喜化作清风吹动心笙，宋词中的风情像一个秋波横眸的女子勾起心中的万千思绪，最欢悦"红杏枝头春意闹"，最销魂"酒力融融香汗透"，最无奈"惜春春去，几点催花雨"，最伤情"高城望断，灯火已黄昏"……

在我已出版的13本书中，有5本是和唐诗密切相关的，有关于宋代的文字，这是第一部。然而，我喜欢唐的豪放雄浑，也喜欢宋的儒雅隽秀。唐诗如大江奔涌，宋词如镜泊无纹；唐诗如霜天雁鸣，宋词如暖春莺语；唐诗写边关落日，大漠峰烟，倚剑云天；宋词写月细风尖，曲堤垂杨，闲卷珠帘。唐诗是入口如刀的穿肠烈酒，宋词是留齿沁香的清馨佳茗。唐诗是男儿侠士，宋词是红袖美人。

前人曾说："梅令人高，兰令人幽，菊令人野，莲令人淡，春海棠令人艳，牡丹令人豪，蕉与竹令人韵，秋海棠令人媚，松令人逸，桐令人清，柳令人感。"我说：唐诗令人热情奔放，宋词令人从容娴雅。就让唐风宋韵，浸润着我们的整个身心，既拥有唐的气度和胆略，又拥有宋的清雅和谦文，如此，何等完美！

在我写第一本书稿《唐才子评传》时，就有意写唐宋两代才子，结果阴差阳错，直到五年后的今天才得以完稿，相比于当年惴惴不安、浅嫩毛躁的心境，已是大有不同。如今，我已写就14部书稿，比当年更多了自信和底气，然而，是否消退了当年锋锐之气？这其间的变化，只有请读者朋友来体会了。正所谓："镜不能自照，衡不能自权，剑不能自击。"

　　附带要说明的是，此书中未收入李清照、朱淑真等才女，因为她们的故事在我那本写历代才女的书中有，为避免重复，就都略去了。

　　今夜，湖畔水月如镜，荷花盛开。我觉得，牡丹像唐代的雍容，梅花像南宋的清瘦，而荷花则像北宋的端丽清雅。我独步荷塘边，寻觅宋代的烟痕水迹。那"一一风荷举"时的露珠清响，就像是一阕阕宋词的清音，当此处，当此情，最宜读《小山词》中的这一阕：

　　玉真能唱朱帘静。忆在双莲池上听。百分蕉叶醉如泥，却向断肠声里醒。

　　夜凉水月铺明镜。更看娇花闲弄影。曲终人意似流波，休问心期何处定。